楓林의 길목에서

석초 홍오선 저

도서출판
다운샘

국립중앙도서관 출판예정도서목록(CIP)

楓林의 길목에서

지은이 : 홍오선.
서울 : 다운샘, 2015 p. ; cm

ISBN 978-89-5817-339-7 03810 : ₩12000

한국 현대 시조[韓國現代時調]

811.36-KDC6
895.715-DDC23 CIP2015027199

서시(序詩)

천명으로 천륜(天倫) 받고 인세에서 인륜(人倫) 받아
될성부른 떡잎으로 흙 속에 뿌리 박고
이른봄 땅 기운 받아 하늘 보고 손짓했네.

줄기 뻗고 잎 자라기 여름 내내 지친 걸음
염천(炎天) 폭양(曝陽) 인내하며 하늘만 바라보고
푸른 숲 길러 가꾸기 밤낮 없이 지겨웠네.

오곡백과 풍성해도 가을은 스산하고
가을볕 따사한데 산 그림자 드리우면
단풍잎 색깔 고와도 만추풍심(晩秋楓心) 외롭네.

풍엽귀근(楓葉歸根) 순환섭리(循環攝理) 헤아리기 몇 해던고
희수(七七壽)의 석양 빛이 서녘 하늘 물들이니
회한(悔恨)은 소용돌이로 뉘우침을 깨우네.

2015. 9
著者 識

목 차

제1부 시

제2부 기행문

제3부 수필 · 수상 · 논설

부 록

제1부

시

楓林의 길목에서

— 저자 자전(自傳) —

고갯길 고목 아래
나무 뿌리 등걸 베개
비스듬히 기대 누운
나그네의 백일몽(白日夢).

개나리 진달래
꽃망울 뜯다가는
올챙이 송사리 떼
두 손으로 움켜 보던

찔레 먹고 맴맴
그 때 그 시절.

지친 몸 땡볕 아래
아픈 다리 이끌면서
정상봉(頂上峰) 바라보며
기를 쓰고 올라 봤지.

우거진 수목 사이
그늘 짙은 오솔길
돌고 도는 구절양장(九折羊腸)
돌부리 석경(石逕)을
기어서 또 오른다.

힘에 겨운 오르막길
너무나도

너무나
지겹기도 했건만,

지나온 길
되돌아 보고

산 좋고 물 맑은 곳
아름다운 풀꽃향에
멧새 소리 벗하며
지친 심신 쉬어 보네.

급한 일 뭬 있어
옆도 한 번 못 돌아본 채
앞만 보고
내달은 걸음,

이제사
눈 떠 보니
백일몽 사라진 자리

풍림(楓林)의 길목에서,
……, ………,
지나온 길

멀고도 험한 길
지치고 넘어진 길.

보람도 없는 길,
후회는 있는 길.

무상히 걸으며
세월만 먹은 길.

가진 것도,
버릴 것도 없는 길.

미련도 없이
빨리도 지나온 길.

그래도 아직은
더 가야 하는 길.

고갯마루 바위턱
걸터앉은 나그네.

풍엽(楓葉)을 바라보니
저 멀리
하늘 끝
우주(宇宙)가 거기 있네.

산에는 없는 게 없네

산에는 바위도 있고 물도 흐르네.
산에는 나무도 많고 풀도 자라네.

산에는 꽃도 피고 열매도 많으며,
짐승도 있고 새들도 많이 우네.
산에는 있을 건 다 있네.

산에는 공기도 좋고
물도 맑으며
바람도 시원하네.

산에는 산이 좋아서
사람들도 많이 오네.

산은 높고 깊어
세상을 다 품고도 남을
산심(山心)이 있네.

산심은 인후(仁厚)하여
세상 만물 품어 주고
침묵은 억겁(億劫)으로
산정(山情)은 무한하네.

산심은 산정(山情)으로
인심(人心)도 산심으로
목심(木心)
수심(水心)
자연심(自然心)에

산에는 없는 게 없네.

갈대

물가에 어디서나
가리지 않고
뿌리 내려 억세게도

억새보다 억센
청록의 잎 줄기는
뜨거운 불볕도 희롱하며,

뿌리는 세상 오수(汚水)
정화수로 바꿔 주고
잎새는 일취월장
청정(淸淨)을 호연(浩然)하네.

다들 꺼리고
피하는 그곳
하수(下水)까지 처리하여
청정수(淸淨水) 흘려 주고

몸 가꾸어 기세 등등
사기(士氣)는 충천이라.

침략자에 굳게 맞서
온 몸으로 무찌르고
일거(一擧)에 봉기(蜂起)하는
의병(義兵)의 참모습.

낮은 곳에 몸 낮추고
정기(精氣)는 하늘 위에
얼굴 없는 기부 천사
서민심(庶民心)의 고귀함.

줄기줄기 끝끝마다
달고 있는 하얀 꽃술
바람결에 군율(群律) 맞춰
백만군사 열병(閱兵)하네.

용마산 사절(龍馬山 四節)

춘용마(春龍馬)

용 머리 말 형상에
산세도 준일(俊逸)하다.

다사로운 햇발 아래
연록색 그림 병풍

능선 자락 자락마다
윤기나는 파란 생명
골짝 골짜기엔
곡조 모를 맑은 음률

저 멀리 하늘 끝에
북악 도봉 눈에 들고
눈 아래 저만치엔
돌아 나가는 한강 줄기

봄에 금강산은
금강(金剛)이라 하였지만,

용마산의 봄 차림새는
금단(金緞)이라 불러 보네.

용마산 사절(龍馬山 四節)

하용마(夏龍馬)

푸르디 푸른 녹음
푸르름 짙은 녹향(綠香)

구름에 닿은 영봉(靈峰)
푸름 겨워 지쳐 있네.

맑은 바람 깊은 산심(山心)
지친 심신(心身) 풀어 주고
산정(山情)은 모성(母性)으로
뭇 생명 안아 주네.

석계청류(石溪淸流) 손 적시니
마음까지 씻어 준다.

여름의 금강산은
봉래(蓬萊)라 하였지만,
여름의 용마산은 소봉래(小蓬萊)라
불러 보네.

용마산 사절(龍馬山 四節)

추용마(秋龍馬)

만산홍엽(滿山紅葉) 빛깔 고와
용두(龍頭)에 말 잔등이
전신(全身)이 수채화네.

산자락 자락마다
채색옷 황홀하고,
단풍목(丹楓木) 가지
가지마다
열매도 품고 있네.

꿈 푸르던 지난 날이
한 꾸러미 추억되어
만추(晩秋)의 저녁노을에
온 산이 붉게 타네.

가을의 금강산은
풍악(楓岳)이라 하였던가.
용마의 가을 그림은
풍강(楓剛)이라 불러 보네.

용마산 사절(龍馬山 四節)

동용마(冬龍馬)

용마산 말 등어리
등성이 등성 마루
한천(寒天) 나목(裸木)에
바람도 너무 세다.

청설모 날다람쥐
자취 감춰 적막하고

산비둘기 멧새들은
어디로 숨었는가.

계곡에 얼음 덮고
용머리에 눈 쌓이니

겨울에 금강산을
개골(皆骨)이라 하였지만
겨울의 용마봉은
개암(皆岩)이라 불러 보네.

도봉산(道峰山)

도봉산 산이 좋아 산길 따라 오르다니
능원사 사문(寺門) 지나 도봉사(道峰寺) 저기 있네.
청설모 안내 따르다 올라보니 우이암(牛耳巖).

저 앞에 우뚝 솟은 기암(奇巖) 영봉(靈峰) 모여 있네.
이름하여 자운봉(紫雲峰)에 옆에 있는 만장봉(萬丈峰)이
인걸(人傑)은 접근불허로 주봉(主峰) 지켜 옹위하네.

저 멀리 북쪽에는 사패산(賜牌山)이 솟아 있고
남으로 능선 따라 백운대(白雲臺) 인수봉(仁壽峰)이
운무(雲霧)에 몸은 가린 채 봉우리만 보이네.

쉬지 않고 흘러내려 도봉 정기(精氣) 맺힌 자락
북악 준봉(北岳峻峰) 자리잡아 삼각산 멈춰 두고
오백 년 한양 도성(都城)에 남산(南山) 하나 남겼네.

산정무한(山情無限)

원시림(原始林) 숲길에서 유혹하는 푸른 요정(妖精)
오솔길 감고 돌아 산상(山上)에 올라보니
연무(煙霧)는 인세(人世)를 가려 선경(仙境) 바로 이 아닌가.

꾀꼬리 딱따구리 산새들의 낙원인데
저마다 고운 소리 메아리로 화답(和答)하니
녹향(綠香)에 취한 나그네 별천지에 와 있네.

소요산(逍遙山)

소요산에 소요(逍遙)하다니
요석(瑤石) 원효(元曉) 설화 있네.

가을 단풍 천 년 나이
인걸(人傑)은 간 데 없고,

소요산 원효봉이야
변함 없는 옛 모습.

봄이 오는 소리

나뭇가지 끝끝마다 봄기운 묻어 있네.
모진 겨울 이긴 초목 꽃샘 춘설(春雪) 대수던가
가지 끝 자락자락엔 수물수물 봄 입김.

얼음 밑 개구락지 겨울잠 못 깨는데
시냇가 버들개지 전해 주는 봄 소식에
둔탁한 장끼 소리도 능선 타고 흐르네.

수벌 [雄蜂]

해맑은 고공(高空) 한 켠 꿀벌들의 잔치 여행
여왕벌 짝짓기에 하객은 떼서리로
복 받은 수벌 한 마리 소원 덜고 추락하네.

일벌들의 축하 속에 한 생(生)은 끝났어도
소망이 순수하여 희생(犧牲)은 거룩하니
향 묻은 나래 접고는 미련 없이 떠나네.

구름

바닷물 실어다가
만생명 살려내고

다기봉(多奇峰) 여름 구름
조화(造化)도 거룩한데

그 누가 광명(光明)한 날빛을
가린다고 했는가.

울산바위

우러름도 애닯구나 억만년 한결같이
금강산 바라보며 짝사랑은 가슴저며
좌절은 상처로 남아 바위 마을 이뤘네.

첫사랑 미련으로 아픔은 군살 되어
허공에 군집만상(群集萬象) 그리움은 하염없이
숙명(宿命)의 설악(雪嶽) 흉터로 만인 눈길 붙잡네.

설원(雪原)의 회오(悔悟)

눈 부신 순백(純白) 설원(雪原) 축복으로 덮혔는데,
면사포 나뭇가지 침묵 기도 거룩하네.
설경(雪景)에 하나된 세상 시비선악(是非善惡) 뭣하랴.

포근히 덮힌 이불 만생명 동면(冬眠)하니
그 속에 나도 함께 겨울잠에 들고프다
나그네 얼룩진 자취 발자국만 찍히네.

춘산(春山)의 명상(瞑想)

진달래 만산 홍화(紅花)
수놓은 야산 계곡

물 소리 새 소리에
최면걸린 산나그네

화향(花香)은 능선 타고
생령(生靈)들을 깨우네.

수락산(水落山)에서

수락 계곡 물소리에

바람은 소리 없네.

이름 모를 산새 소리

5월 녹향 흩뿌리니

선경(仙境)이 따로 있으랴

예가 바로 거길세.

호수(湖水)

청평호 푸른 수면(水面)
백조(白鳥) 가족 그린 그림

물에 잠긴 청산(青山) 위에
흰 구름 떠 가는데

호반(湖畔)은 어머니 사슴
수심(水心) 산정(山情) 숨쉬네.

모성 I

생이별(生離別)

너 모녀 오늘 장에 생이별 하는구나.
노(老) 마님 별뜻 없이 안쓰러워 하는 말에
어미소 새끼 데리고 발걸음도 무겁다.

우시장 저 아저씨 고삐 잡아 목을 끄니
목 잡혀 버둥대며 소리 한 번 못 지르고
어미소 뒤돌아 보고 눈시울만 적시네.

엄무우! 울부짖음 동네를 진동하고
마구간에 들어서서 식음을 전폐하니
모성의 저미는 아픔 짐승이라 다르랴.

모성 II

연 어

산(産) 달이 다가와서 집 나서는 연어 부부
갈 길은 수로 만 리 몸은 점점 무거운데
걱정은 태산 같아도 오매불망 내 새끼.

지나간 밀월 행복 추억 속에 남겨 두고
해원(海原)의 질풍노도 칠전팔기 지친 몸이
섭리에 뭐라 했길레 모천(母川)으로 돌아왔네.

골격도 으스러질 산고(産苦)를 견디고서
오로지 분신(分身) 위해 희생을 실천하니
모성은 거룩하여라 귀원(歸元) 이치 이 아닌가.

모성 III

갈매기

엄마는 안 무서워?
저 푸른 바다 속이.
보기엔 시퍼렇고
컴컴해 어둡지만,
너 해칠 천적 없으니
안심하고 놀아라.

돌고래 물개 무리
엄마는 겁도 안 나?
너희는 이 세상에
저들은 저 세상에
이승과 저승 다르니
춤사위나 맞춰라.

이스탄불 푸른 해협
유람선 흔들리고
넘실대는 물결 따라
군무(群舞)하는 갈매기 떼
저기가 저승이라면
무서운 덴 이승여.

무지개

소나기 지난 하늘
무지개 뜨는 것은

산 너머 북촌 마을
분이네 소식인가.

산 아래 냉가슴 총각
가슴 달궈 뜨겁네.

귀뚜라미

귀뚤 귀뚤 귀뚜르르
밤 지새워 우는 소리

잠 못 들 무슨 사연
벙어리 냉가슴이

한가위 달 밝은 밤에
월광(月光) 켜는 소야곡.

산수유(山茱萸)

봄 오는 길목에서
금가루 뿌려 놓고

끝 없는 기다림에
지친 몸 결린 어깨

소망은 세월을 먹고
혈과(血果) 되어 바치네.

포의각(褒義閣)[1]에서

하늘도 안 무섭다 극에 달한 잔인무도
호세(胡勢)[2]에 맞선 뇌성(雷聲) 올곧은 세 선비[3]여
위국혼(爲國魂) 뜨거운 한 분 포의각에 계시네.

강화도 호풍(胡風)[4] 앞에 위모(衛母) 효심 아들 피살
어머니 자진(自盡)하고 며느리 뒤따르니
청천(淸天)에 먹구름 가려 햇빛마저 어둡네.

---

1) 포의각 : 경기도 평택시 팽성면 본정리에 있는 학사(學士) 충정공(忠正公) 홍익한(洪翼漢)의 비각.
2) 호세(胡勢) : 청(淸) 나라 세력.
3) 세 선비 : 병자호란 때 절의충신 삼학사(三學士 : 洪翼漢, 尹集, 吳達濟).
4) 호풍(胡風) : 청(淸) 나라 세력.

〈축시〉

현강 수목(弦剛樹木)

– 현강여자정보고등학교 이전 신축교사 준공 기념 –

한강물 흐름 따라 육영(育英)에 뜻을 두고
동서울에 나무 심어 재목(材木)으로 키운 정성
나이테 이순(耳順)을 세니 현강 거목(巨木) 이루었네.

배출한 많은 인재 적재적소 활약하고
새 동산 높은 전당 청람(青藍)은 빛깔 고와
등용문(登龍門) 바라다보며 강심(江心) 크게 흐르네.

먼저 받는 아침 햇살 동녘에 명당(明堂) 터전
동령(冬嶺)의 고송(孤松)처럼 빼어난 기상(氣像)으로
진리(眞理)로 이슬 머금고 현강 수목((樹木) 영원하리.

< 현강여자정보고등학교 본관 현관에 걸려 있음.>

제2부

기행문

기행시(紀行詩)
기행산문(紀行散文)

✍ 기행시(紀行詩) ✍

파로호(破虜湖) 가는 길

인적도 삼켜버린 비목(碑木) 길 협곡 틈새
우직한 버스 한 대 뒤뚱대며 굴러가니
비목에 한 맺힌 원루(怨淚) 연무(煙霧)되어 오르네.

평화의 댐 가는 길은 함흥령 숨가쁜데
피흘린 권력욕이 산하(山河)를 찢었지만
그래도 변치 않은 건 물이요 산이로다.

해산굴 빠져나와 골짜기 끝 없는데
전적비 고즈넉한 옛 고개 올라서니
사연도 차마 못 들을 상처 깊은 파로호.

강한 자 사주(使嗾) 받아 살벌한 동족상잔
포성에 스러져 간 애꿎은 깃털 병사
진혼시(鎭魂詩) 새긴 돌 앞엔 숨어버린 몸통들

땅덩이 동강난 채 하늘은 말이 없고
겉으론 멀쩡해도 산허리 골병들어
애절한 산새 소리에 흐느끼는 화천강.

주왕산(周王山)

주왕산 생긴 형상 봉봉이 거암(巨巖) 병풍
선녀탕 넘치는 물 석천계곡 옥류(玉流)일세.
기암(奇巖)에 수놓은 단풍 선경이 이 아닌가.

정정극치(亭亭極致) 산 정기에 지칠 줄 모르는데
석계로 오르는 길 어느새 삼폭포(三瀑布)라
이대로 여기 머물러 풍월주인(風月主人) 어떠리.

호미곶(虎尾串)

호미곶 하늘에서
내리쏟는 구름바람

파도는 산더미로
뜨는 해 시샘하듯

혼돈(混沌)이 깨우는 새벽
원초법칙(原初法則) 예 있네.

화합의 수상(手像) 내려다보며
군무(群舞)하는 갈매기 떼

연오랑(延烏郎) 세오녀(細烏女)
일월설화(日月說話) 서린 언덕

해 뜨는 호랑이 꼬리
질풍노도(疾風怒濤) 잠 재우네.

추석월하(秋夕月下) 조령 관문

석양 무렵 조령 입구
주흘관(主屹關) 관문 지나

단풍 향기 취한 발길
조곡관(鳥谷關) 제2관문

문루에 흐르는 달빛
신립(申砬) 원혼(冤魂) 외롭네.

유수유정(流水有情)

미시령골 석간 유수(流水)
녹향 배어 푸르구나.

물 소리 매미 소리
태고(太古) 음향 흐르는데,

무엇이 그리 급하여
내닫기에 바쁜고.

머나먼 유로(流路) 따라
만생(萬生)의 어머니로

가는 곳 귀원(歸元)에서
운우(雲雨)로 환생하니

억만년 순환(循環) 이치에
유수유정 흐르네.

한산 바다

미륵섬 망대(望臺)에서 저 건너 한산도라
동쪽은 아득 멀리 거제섬 떠 있는데
배들은 파도를 타고 한산 바다 누비네.

극악한 섬 오랑캐 강토(疆土)를 짓밟을 때
해도(海道)를 가로막아 호쾌히도 무찌르고
이 나라 구하신 어른 제승당(制勝堂)에 계시네.

악랄한 도적들의 무자비한 약탈 만행
바람 앞 등불 나라 백성들 신음할 제
유신(儒臣)들 사이비 애국 백의종군 시켰네.

역사는 해류 따라 대하(大河)처럼 흐르는데
봉황새 날아와서 큰 날개 내려 접고
미륵섬 미륵봉 위에 달아(達牙)[5] 소망 빌었네.

---

5) 달아(達牙) : 임진왜란 때 대장기인 아기(牙旗)가 통영 미륵섬에 와 있다(到達했다)는 뜻으로 사용되어 온 말로 달아전망대(達牙展望臺)라는 유적지가 있음.

성산 일출봉(日出峰)

한라산 동녘 자락 튕겨나간 언덕 하나
청자 사발 해수면에 바닥 운두 물에 잠겨
정상은 죽그릇 모양 응회구(凝灰丘)라 하였네.

탐라 섬 태곳적에 불 뿜어 개벽(開闢)할 제
바닷속 불덩어리 팥죽 끓듯 풀떡 솟아
모양새 고풍스레도 천 년 비색(翡色) 지녔네.

불 죽물 엉긴 자국 스치는 바닷바람
우도(牛島)를 짝사랑해 사색(思索)은 하염없어
정상에 다다른 발길 돌아설 줄 모르네.

여명(黎明)이 뿜은 서기(瑞氣) 누리에 가득하면
수평선 헤집고 나온 금쟁반 현란(絢爛)하여
일출봉 절리(節理) 주름에 억만 세월 비추네.

카나다 기행

일견천국(一見天國)

— 카나다행 기내에서 —

내 목숨 인질 잡은 기내의 창가에서
망막에 들어온 세상 나를 잡아 불러내니
뜻밖에 다다른 세상 꿈이 아닌 생시일레.

은백광 눈부시는 운원(雲原)만 끝 없는데
갑자기 솟은 영봉 시야에 들어온다.
저기가 사람 못 닿을 천궁(天宮)인가 싶구나.

여기에다 여장 풀고 무기한 있고프나
인세(人世)에 죄인이라 생각도 마라 하네.
티 없는 저 순백 나라 일견(一見)으론 아쉽다.

카나다 기행

빙원(氷原)

— 밴쿠버 로키산맥 북단 아이스 필드(ice field) —

태평양 바람 막이
로키산맥 북단(北端) 고봉(高峰)

머리엔 만년설(萬年雪)에
산하(山下)는 빙원(氷原)인데,

차가운 해빙수(解氷水) 속에
태고(太古) 흔적 흐르네.

카나다 기행

빅토리아 섬을 찾아

밴쿠버 서쪽 바다 넘치는 파도 아래
바다 밑 해저터널 버스로 다 지나니
유람선 바꾸어 타면 빅토리아 섬이라네.

섬 안에 플라워 랜드 꽃 동산 꽃 나라네.
서울의 반대편 땅에 백화순향(百花純香) 황홀하니
수만 리 떠나온 나그네 별천지에 와 있네.

카나다 기행

이국(異國)의 장승 마을

밴쿠버 민속촌에 장승이 도열(堵列)했네.
천만 리 이국(異國) 땅에 고국인(故國人) 만난 듯이
얼굴에 눈길 맞추며 만단정회(萬端情懷) 나눈다.

장승은 동양 목상(木像) 알타이의 겨레 문화
밴쿠버 마을 한 켠 언제 와서 예 있는가.
억만 년 타임캡슐이 장승촌에 묻혔네.

〈중국 청도행(青島行) 페리호 갑판에서〉

선상무아(船上無我)

구름도 아닌 것이
안개인 듯 희부연데,

장막 두른 광원(曠圓) 하늘
저기가 우주(宇宙)인가

갑판(甲板)에 기대 선 미아(迷兒)
무위자적(無爲自適) 취해 있네.

서부 미주 기행(西部 美洲 紀行)

하와이

태평양 한가운데 점 하나 있었던가
섬들만 백삼십여 모두가 유토피아
산호초 청정 해수에 알몸 던진 그 낭만

주 정부 청사 옆에 개척왕 궁전 있고
민속촌 원주민들 미개인 분장으로
알로하 ! 인사 소리에 손 흔드는 문명인.

서부 미주 기행

요세미티 공원

계곡도 봉우리도 예사롭지 않더라니
예가 바로 요세미티 천혜의 낙원이라
태고(太古)의 원시림 속에 사로잡힌 나그네.

천 미터 절벽 바위 거대한 돔형 바위
나무도 바위들도 크다는 게 특징인데
저절로 원시인 되어 밀림 속을 휘집네.

서부 미주 기행

모하비 사막

사방을 둘러봐도 원둘레 지평선에
가도 가도 끝 없는 길 버스는 원심(圓心)이라
여기가 사막 모하비 아껴 남긴 황무지.

탈모증 두발마냥 듬성듬성 사막 식물
운명에 순응하여 세상을 체념하고
지겨운 업보(業報) 삼키며 창조 원리 배운다.

서부 미주 기행

라스베가스

사막 끝 한 자락에 거대한 오아시스
황금은 마술이요 환락의 별천지라
탐욕이 피 말리는 곳 얼굴 없는 불야성

세상에 으뜸 자랑 휘황찬란 눈 홀린다
쾌락은 극치라도 물 없는 오아시스
사막에 또 하나 사막 창조주의 실패작.

서부 미주 기행

그랜드 캐년

창조주 자신조차 놀랬을 신품(神品)이라
자연의 불가사의(不可思議) 벌린 입 넋을 잃고
흐르는 억 겁(劫) 세월도 잠시 쉬어 지나네.

선(線)과 색(色) 조화 부려 그 장관 신비롭고
이 순간 태초(太初)인 듯 되돌리는 시계 바늘
티끌에 불과한 인걸(人傑) 찾는 것이 뭐인고.

중국 기행

황산(黃山)[6]에 올라

삭도차(索道車)에 몸을 싣고 황산 위에 불쑥 올라
발 아래 만학천봉(萬壑千峰) 여기가 어디멘고
봉봉이 맺힌 형상은 신품(神品)이 이 아닌가.

단하봉(丹霞峰) 바라보며 산정(山頂)을 향한 발길
층계는 이만 사천 숨소리 거세지만
운무(雲霧)를 두른 봉우리 선계(仙界)가 옌가 보다.

구룡폭포(九龍瀑布) 장군바위 볼수록 장관이고
대협곡 선녀봉은 자락마다 자연 분재(盆栽)
속인이 산인(山人)이 되어 선인(仙人)인 듯 걷는다.

---

6) 황산 : 중국 안휘성(安徽省) 남부에 있는 산.

중국 기행

서호[7] 유람(西湖 遊覽)

강인 듯 바다인 듯 알고 보니 호수(湖水)로다.
청풍서래(淸風徐來) 수파불흥(水波不興) 사방이 산수화다.
유람선 호심(湖心)에 띄워 서호십경(西湖十景 찾아보네.

백낙천[8] 소동파[9]가 풍월주인(風月主人) 되어 있고
호수 안에 또 한 호수 선경(仙境)이 따로 없네.
강호(江湖)를 찾은 나그네 이 몸 절로 자연일세

---

7) 서호 : 중국 항주(杭州)에 있는 호수.
8) 백낙천(白樂天) : 중국 당대(唐代)의 대표적 시인인 백거이(白居易)의 자(字).
9) 소동파(蘇東坡) : 중국 북송(北宋) 때 문인(文人)으로서 당송 팔대가(唐宋八大家) 중 한 사람이었던 소식(蘇軾)의 호(號). 그의 작품 적벽부(赤壁賦)에 '淸風徐來 水波不興' 구절이 있음.

✍ 기행 산문(紀行散文) ✍

고씨동굴(高氏洞窟)

<1978년 8월>

수은주가 35, 6도를 오르내리는 8월 초순, 강원도 영월 기차역에 내렸다. 역에서 나와 버스를 타고 화력발전소를 지나 동남쪽으로 남한강 상류를 거슬러 9km쯤 가니, 커다란 자연 동굴이 있다.

버스에서 내리니 벌써 강 건너편 벼랑에 굴문이 빠끔히 드러나 보인다. 강 양쪽에는 산이 바싹 다가 있어, 그대로 산간 벽지인데도 식당, 기념품 가게, 매운탕 집, 여관 등이 제법 즐비하게 늘어서서 관광지 기분을 느끼게 한다.

가게에서 스타킹, 파커, 헬맷 등 동굴 답사용 장비를 대여받아 갖추고 나니, 우리 일행은 마치 동굴 전문 조사단이라도 된 기분이다.

나룻배로 강을 건너니, 가파른 산 벼랑이 이마에 와 닿는다. 계단을 밟고 20m쯤 올라가니 동굴문이 큰 입을 딱 벌리고 있다.

굴 문에 들어서니 입구라 그런지 공간이 넓다. 천장 높이는 서너 길 정도에 폭이 5m 가량이다. 천장은 둥그스름하니 넓은데, 인공으로 깨어낸 자욱들이 있어 자연스런 느낌이 적다.

「용머리 1km」 표지판이 눈길을 끌면서 호기심을 자아낸다. 안내원의 말에, 굴의 끝까지는 아직 모르고, 조사단이 6300m까지는 답사했지만, 개발된 곳은 1300m 지점이라고 한다. 들어갈수록 공간이 좁아지면서 석순(石筍), 종유석(鐘乳石) 들이 보이고, 손전등을 비추니 석회암이 녹아 내린 틈서리, 패인 구멍, 동굴 안에 또 생긴 다른 굴들이 나타나 신비감을 느끼게 한다.

100m쯤 들어가니 「고씨 거실」이라고 쓴 표찰이 걸려 있다. 통로 오른쪽으로 큰 공간이 있는데, 여기가 고씨 거실이다.

이 동굴의 이름은 원래 「노리곡 동굴」이었는데, 임진왜란 때 고○○가 자기의 아우를 의병으로 내보내고 그 가족들의 안전을 위해 이 굴에 들어와 피난을 했다고 하여 동굴 이름을 「고씨 동굴」이라 불렀다는 것이다. 그 당시 고씨가 거처하던 방이 바로 여기다. 방 가운데는 마치 칸 막이 휘장이라도 드리워 놓은 듯, 얄팍 넓적한 판석(板石)이 무릎 정도의 높이까지 내려와 방을 두 칸으로 나누어 놓았다. 첫머리에 있는 방이 내실이고, 안 쪽의 것이 사랑방이라고 한다. 아직도 1000여m까지는 더 들어가야 하니, 100m 지점인 여기는 입구에 불과하지만, 고씨의 유래가 있어 흥미를 돋군다.

수억 년 내려온 동굴의 유래와 전설이 많기도 하겠지만, 이 동굴에서 말할 수 있는 곳은 고씨 거실밖에 없겠다는 생각이 들었다. 동굴 안에 조명등을 켜서 밝기는 하지만, 겨우 사람 하나 지나갈 만한 좁은 통로를 구부리고 엎드리며 안쪽으로 계속 들어간다. 「바람굴 200m」라고 쓴 표찰이 보인다.

호기심에 찬 눈길로 바람굴을 들어서니, 천 길 지하에 무슨 바람이 숨어 있었던지, 시원하다 못해 선득선득한 바람이 얼굴을 스쳐간다.

철사다리를 올라가고 내려가기를 반복하며 바람굴을 막 지났는가 싶은데 어디선가 물 흐르는 소리가 요란하다. 이 지하 깊은 곳에 물이 어디서 나와 이렇게 흐르는가. 철사다리를 또 내려가니 「와룡소(臥龍沼)」라는 표찰이 걸린 곳에 거울 같이 맑은 청류수가 흐르고, 조금 아래에는 「비룡폭포(飛龍瀑布)」라는 표찰이 보이면서 물소리는 더욱 진동한다. 이름 그대로 용이 누워 있다가 우리 일행을 보고 꿈

트럭꿈트럭 요동이라도 하는 듯싶다. 물 위에 높다랗게 걸쳐서 놓아 둔 쇠다리를 밟고 지나가노라면 마치 발 밑에서 용이 뒤틀기라도 할까 봐 괜히 섬짓한 느낌마저 들기도 한다. 이 와룡소·비룡폭포에서 흐르는 물이 이 동굴에 연결된 다른 굴을 따라 강으로 나간다니 더욱 호기심이 생긴다.

여기서부터 굴은 본색을 한 층 더 드러낸다. 사람 하나 겨우 지나갈 만한 통로가 꼬불 구불 돌고 돌아들어 완전한 미로(迷路)를 만들어 놓았다. 철사다리와 철다리가 아니면 도저히 발을 붙일 수 없는 험한 미로가 수십 길[丈] 내려갔다간 또 가물가물하게 올라가도록 되어 있다. 문자 그대로 구절양장(九折羊腸)에 승강(昇降)의 연속이다.

돌고드름을 만지고 석순(石筍)을 붙잡으며 얼마만큼을 들어왔는지 모르는데, 「진입 800m」라는 표찰이 보인다. 「은하수 광장」이다.

은하수 광장! 지금까지 겨우 몸을 비집다시피 해서 지나왔는데, 또 철사다리 하나를 오르니 널찍한 공간이 탁 트이면서 가슴을 시원하게 해 준다. 이 깊은 땅 속에 '은하수'란 이름이 어디서 나왔을까 생각하며 천장을 쳐다보니, 과연 하늘을 연상하리만치 넓기도 한데, 종유석은 별로 매달리지 않았고, 천장은 줄줄이 죽죽 벋은 밭이랑처럼 되어 있다. 천장 가운데 베[布]를 한 폭 펼쳐 놓은 듯이 길게 뻗친 것이 있다. 이것을 보고 '은하수'란 이름을 붙인 듯싶다.

동서남북 방향을 도저히 알 수 없다. 한 쪽을 쳐다보니 「창생문(創生門)」이라 적혀 있다. '창생(創生)'이라! 어쩐지 마음이 설렌다. 천지창조(天地創造)의 창세기(創世紀)로 되돌아가는 기분이다. 지금 이 동굴의 창생문 앞에서만은 바깥 세상 현실(現實)과 전연 상관이 없다. 상관할래야 할 수도 없다. 그야말로 바깥 세상의 시공(時空)을 초월하여 어쩌면 창세기로 되돌아왔는지도 모른다. 진짜 「창생문」이 이렇게 가까이 있었으면 좋겠다는 생각이 드는 순간 철사다리를 또 오르기 시작한다.

철사다리를 올라가는지 내려가는지, 좌우간 발걸음은 동굴 안 쪽을 향하고 있다. 또 새로운 공간이 나오고, 여기선 마치 교차로마냥 굴이 여러 갈래로 열려 있다. 먼저 보이는 굴이 직녀궁(織女宮)이고, 다음 굴이 견우전(牽牛殿)이고, 조금 아래쪽에 있는 굴이 미륵불(彌勒佛)이다. 견우와 직녀의 전설은 그만두고라도, 주렁주렁 매달린 돌고드름과 연꽃봉오리를 괴올려 만든 탑 모양을 하고 있는 석순들이 신묘(神妙)한 장관을 이뤄 보는 이로 하여금 넋을 잃게 한다.

조금 아래쪽 굴에는 역시 종유석과 석순들로 진경(珍景)을 이룬 가운데, 그 안 쪽 저만큼 미륵불이 하나 우뚝 서 있다. 인공으로 만든 부처가 아니고 자연생 석순이 미륵불 모양을 하고 있으니 더욱 신기하다.

이제는 나가는 길인지 들어가는 길인지는 잘 모른다. 완전히 딴 세상에 온 느낌이다. 전등 시설이 없으면 속절없이 지옥인데, 그래도 은하수에 견우와 직녀가 있으니 천국은 천국이다. 이상한 건, 동굴의 깊이를 더할수록 종유석과 석순이 더 요란하게 많고 진기(珍奇)하니, 한 마디로 말해서 점입가경(漸入佳境)이다.

철사다리를 따라 발길을 계속 옮긴다. 「선녀의 옷자락」이라는 데가 있다. 이름도 그럴듯하다. 석회암이 녹아 내리다가 그대로 벼랑에 걸려 드리워진 데다가 주름까지 잡혀 있어, 마치 바람에 나부끼는 선녀의 치맛자락과 흡사하다.

조금 아래로 내려가니 「칠선녀탕」이 있다. 1000m나 들어간 지하 암층(岩層)에 계속 물이 흐르고 바위에 팬 웅덩이들이 수없이 많다. 「칠선녀탕」이란 이름을 붙이긴 했지만, 실제로 일곱 선녀가 들어가 목욕할 정도로 크지는 않다. 앞서 본 「선녀의 옷자락」도 옛날에 선녀들이 이 탕에서 목욕하고 무슨 사연으로 옷을 걸어둔 채 하늘로 올라갔다는 전설 정도는 있을 법도 하다.

크고 작은 종유석들이 별처럼 수많이 박혀 있다고 「북두성좌(北斗星座)」라 이름 붙인 곳을 지나 미로행(迷路行)을 계속하다니까 또 방처럼 생긴 곳이 있다. 여기가 지하 1000m 지점의 「천불대 광장(千佛臺廣場)」이다. 여기까지만 개발되어 있어, 더는 들어갈 수 없다. 역시 진기한 것은 석순과 종유석인데, 그것도 여기서는 크기가 더 대형이다. 연뿌리 모양의 커다란 수정덩이가 주렁주렁 매달려 있는 고드름, 막 피려는 연꽃봉오리를 차곡차곡 포개어 쌓아 올린, 허벅다리보다도 더 굵은 석순도 장관이지만, 천장에 매달린 고드름과 바닥에서 자라 올라간 석순이 중간에서 만나, 밑에서 받치고 위에서 누르는 힘에 옆으로 밀려나온 것이 마치 대나무 마디마냥 테를 두르고 있는 돌기둥은 이 동굴 비경(秘景)의 절정을 이루고 있다.

「천불대 광장」을 뒤로 하고, 가던 길을 돌아나오니 다시 「은하수 광장」이다. 아까는 못 본 듯한 철사다리가 암벽에 가물가물 높이 걸려 있고, 옆에도 딴 굴로 통하는 길이 또 있다.

발길이 닿을 수 있는 곳까지는 다 가 본다는 생각으로 암벽의 사다리를 기어오르기 시작했다. 10m쯤 올라가니 펑퍼짐하게 경사진 암벽 위에 수많은 석순이 돋아 있어 「오백나한(五百羅漢)」이라 이름 붙였다. 급경사로 오르는 사다리 끝 막바지에 이르니 또 하나의 절경(絶景)이 있는데, 이름하여 「천궁전(天宮殿)」이다.

천궁전! 천장을 받치고 있는 돌기둥, 그 옆에 나란히 솟은 석순, 천장에 매달린 대형 종유석 들만 보아도 세상 최고 영화를 누리는 '하늘 나라의 궁전'이라는 공감이 갈 법도 하다. 왼쪽 암벽 아래 옥황상제가 천지 우주를 다스렸다는 옥좌(玉座)가 있는데, 실제로 옥황(玉皇)이 있었느냐는 따질 바가 아니지만, 인간이 지어 붙인 이름인데도 어찌 그리 흡사한지. 편편하고 넓적한 반석(盤石)이 옥좌(玉座) 뒤 암벽에 한 쪽만 붙은 채 추녀처럼 쑥 나와 좌대(座臺) 위에 천장처럼 되어 있는데, 그 둘레에는 석회수가 고드름을 일정하게 달아 주어서, 마치 면류관(冕旒冠)의 영락(瓔珞)처럼 주렁주렁 달려 있어, 「천궁전」임을 더욱 실감케 한다. 다만, 어떤 몰지각한 자가 돌고드름을 거의 다 따 가고, 자욱만 남아 있어 보는 이의 마음을 원망스럽게 한다.

그러고 보니 「은하수 광장」과 「천궁전」 일대는 동굴 안에서도 인간 세상이 아니고 별천지이다. 이름대로라면, 바로 여기가 천국(天國)이다. 천국이 천 길 땅 속에 있다는 것도 우스꽝스러운 얘기겠지만, 전지전능한 신(神)의 조화로 천국의 축소판 모형을 여기다 만들어 놓았는지 알 수 없는 일이다. '천국은 마음 속에 있다.'고도 하는데, 그러고 보면, 천국이 꼭 하늘 나라에만 있으란 법도 없겠지.

지금 내가 와 있는 이 곳 이 순간만 해도 인간과는 완전히 동떨어진 딴 세상이다. 실제로 이런 곳에 옥황(玉皇)이 있어서 사리사욕에 찬 인간의 사심(邪心)을 순화해 주고, 한 편에는 준엄(峻嚴)한 심판으로 신상필벌(信賞必罰)하는 영험(靈驗)을 보여 각성케 한다면, 간악(奸惡)한 인간의 수가 줄어들 것이니 동굴 바깥 세상도 좀 살 맛이 나지 않겠나 싶어, 이 절세(絶世)의 선경(仙境)을 두고 돌아서는 마음 못내 아쉽다.

시간을 보니 굴에 들어와서 얼추 세 시간은 지난 것 같다. 인세(人世)로 돌아가는 발길은 역시 미로(迷路)를 비집으며 한 걸음 한 걸음 옮기고 있다.

대만 기행(台灣紀行)

<1996년 12월>

1996년 12월 24일 오후 1시 좀 지나서 대북(台北) 중정(中正) 공항에 도착했다. 서울에서 2시간 남짓 걸렸다. 대만에도 겨울이긴 하지만, 기온은 13℃ 정도로 춥지도 덥지도 않으면서 우리나라 늦가을 날씨 비슷하다. 흐린 날씨에 바람이 불어서 체감은 꽤 서늘하다.

가이드의 안내로 봉고형 전세 차를 타고 중정 공원엘 갔다. 장개석 총통의 위업을 기리고 기념하기 위하여 만들어 놓은 공원이다. 서울 어린이 대공원 정도의 넓은 부지에 '중정 기념당(中正紀念堂)'이란 거대한 전당을 지어, '중정공원'이라 이름한 것부터 모든 설비에 이르기까지 오로지 장개석을 숭모(崇慕)하기 위해서 장개석 총통의 동상을 세우고 유품들을 진열해 놓았다. 장개석 총통의 호를 따서 '중정 공원'이라 이름하였다. 대만 국민들은 장개석 총통을 정신적 지주로 받들고 있다는 것을 쉽게 알 수 있다.

외래 문물 선호(選好)에 고유의 전통을 경시(輕視)하고 국민의 정신적 지주(支柱)가 없는 우리 한국과는 너무나 대조적인 상황이라는 생각이 들었다.

다음 날은 대만 동북 해안에 있는 야류 해상 공원엘 갔다. 해상 공원이라곤 하지만, 바다에 떠 있는 해상의 섬이 아니고 해변이다. 아마 여기가 태평양의 서쪽 끝 해변일 것 같다. 석회암이 바닷물에 녹아서 여러 가지 모양으로 돌출된 형상들이 오랜 세월에 걸친 자연의 변화를 실감케 했다. 기후 상태는 햇빛을 볼 수 없는 날씨에 바람이 세게 불어 관광에는 부적합한 날씨다. 지형이나 경관은 여느 해안이나 다른 점이 없다.

점심 때는 가이드의 안내로 기륭(起隆)에 있는 중국 특유의 징기스칸 바베큐 식당엘 갔다. 중국 땅 최대 영역을 정복했던 몽고족 황제 징기스칸이 즐기던 요리를 먹는 것이다. 뷔페식당처럼 본인, 각자 취향대로 선택해서 먹는 방식인데, 여기는 만들어진 요리가 아니고, 여러 가지 재료로 진열되어 있다. 재료로는 육류에 소・돼지고기는 물론, 양・사슴고기까지 있고, 야채류, 양념류, 조미료 등 다양하게 준비되어 있다. 쟁반 하나를 들고 이 재료들 중에서 자기 취향에 맞는 것만 골라 담아 조리실 안에 있는 요리사에게 준다. 조리실은 가운데 직경 1m 정도의 큰 번철(후라이팬)이 이글이글 달아 있다. 번철은 마치 큰 원목을 잘라 놓은 단면과 흡사하다. 여기에 나이가 50대 이상 정도로 보이는 두 명의 남자 요리사가 손님이 선택해 담아온 재료를 털썩 쏟아붓고, 회초리 비슷한 막대기로 설설 쓸어 모으더니 단 한 번의 동작으로, 우동 그릇보다 작은 그릇에다 담아 내 주는 것이다. 요리 시간은 불과 3, 4분 정도이다. 가이드가 하라는 대로 미화 1달라를 팁으로 놓고, 요리를 받아다가 홀에 있는 식탁에 와 앉아서 먹는다. 징기스칸 바베큐라 해서 호기심을 가지고 먹었으나 식성과 체질이 달라서 그런지 맛은 별 게 아니다. 우리나라 숯불구이와는 비교할 정도도 못 되는 식품이라 생각했지만, 그래도 이국(異國)의 맛을 본다는 호기심과 기분만은 만끽(滿喫)했다.

오후에는 대만 충렬사(忠烈祠)에 들렀다. 역대 국가 유공자들의 위패를 모셔 놓은 곳이다. 우리나라 국립 묘지격인데, 단, 묘는 없고, 거대한 중국식 건물에 위패만 진열해 놓았다.

일정에 쫓겨 서둘러서 간 곳이 대만에서 가장 유명하다는 국립고궁박물관이다. 타이베이(台北) 교외에 좀 떨어져 있는데, 안내원의 말에 의하면, 세계 3대 박물관 중의 하나라고 한다. 현대 과학의 원리를 이용해 실(室)마다, 진열장마다 조명과 온도를 다르게 조절하여, 보관 기능의 최첨단화가 이루어졌다는 것이다. 60만 점 이상의 보물과 유물들이 소장되어 있어서 제대로 다 보려면 1년은 걸린다는 소장품들을 짧은 시간 동안 보았지만, 금동(金銅)과 대리석 조각(彫刻), 목각 등 소장품의 다종다양(多種多樣)함에도 놀라지 않을 수 없지만, 작품마다 상상을 초월할 정도의 정교·섬세함에는 보는이의 감탄을 금할 수가 없다.

대만 국보 2호라는 대리석 탑은 높이 70cm 정도 되는 2개의 쌍탑인데, 대리석 원석을 수공으로 다듬어서 만들었다는 것이다. 탑 내부가 비었고, 창문 창살까지 정교하게 조각해서 만들었는데, 부분 부품을 조립해서 붙인 것이 아니고, 원석(原石) 하나를 가지고 일일이 조각해서 만들었다고 한다. 이 두 개의 석탑은 장인(匠人) 3대에 걸쳐서 만들어졌다고 하는데, 중국인 특유의 과장(誇張)이 아닌지 모르겠다. 이 말이 사실이라면, 중국인의 장인 정신 내지 예술 정신은 세계 어느 누구도 추종할 수 없지 않겠나 하는 생각이 들었다.

1948년 중국 본토가 공산화되고 장개석 정부가 대만으로 퇴각할 때, 북경 박물관과 지방의 박물관에 소장되어 있던 유물들을 모두 수습해 가지고 타이베이에 옮겨 놓았다는 것이다. 이 유물들의 호송을 위한 작전으로 인하여 수 많은 군사들이 더 희생되었다고 한다. 다시 말하면, 유물 호송 때문에 전사자를 더 많이 냈다는 것이다. 이 말을 듣고, 나는 대만 정부와 중국인들의 역사 보존 의식과 유물 애호정신을 실증할 수 있었다.

3일째 되는 날은 대만 동해안 중북부쯤에 있는 화렌(花蓮)엘 갔다. 대북 화차참(火車站 : 기차역)에서 열차를 탔다. 열차에서 차창 밖 풍경을 보니, 논과 밭은 추수가 끝난 겨울인데도, 산과 들은 여름과 다를 바가 없이 푸르다. 기후도 아열대성이라 따뜻하여 겨울 느낌이라곤 전연 없지만, 계속 흐린 날씨로 찌푸려 있을 뿐이다.

화렌이 가까워질수록 산세는 우리나라 강원도 설악산보다 더 장엄하고 웅대하다. 현지 시간으로 정오쯤 되어서 화렌 화차참에 도착했다. 타이베이에서 화렌까지 약 3시간 남짓 걸렸다.

역사(驛舍) 밖을 나서니 햇빛이 막 나오고 있었다. 대만 3일째 햇빛 구경을 처음 하는 것이다. 전세 관광 버스를 타고, 대리석 공장 앞에 있다는 식당에 들렀다. 점심은 한식 비슷하게—쌀밥에 생선 반찬과 야채 등으로 나오는데, 대만 특유의 오향 맛 때문에 먹는 둥 마는 둥 하는 것으로 때웠다.

점심 식사 후 현지 한국 교민이 공장장으로 있다는 대리석 공장을 둘러봤다. 공장장이 직접 나와서 친절히 안내해 주었다. 대리석 원석(바위)을, 마치 원목을 제재하는 것처럼 기계로 썰어서 대리석 판석(板石)을 만들어 낸다. 규모는 별 게 아닌데도 대리석 공장으로는 동양 최대라고 한다. 알고 보니, 대만은 대리석과 보석의 섬이다. 우리 일행이 지금 와 있는 화렌 일대의 그 거대한 산들이 전부 대리석으로 되어 있다는 것이다. 현재 대리석 수출로 벌어들이는 외화도 엄청나지만, 앞으로 대만 전국민이 손끝 까딱하지 않고 놀면서 그 거대한 산의 대리석만 파내어 팔아도 100년 이상은 잘 살 수 있을 정도라니, 천혜(天惠)의 대만 대리석 자원이 부럽지 않을 수 없다.

이어서, 대리석과 보석의 조각품들을 진열해 놓은 전시장엘 들어갔다. 비취, 옥돌 등 보석류와 귀금속 조각품들이 현란한 빛을 발하며 즐비하게 진열되어 있다. 공예와 조각의 섬세한 솜씨에도 감탄을 금할 수 없지만, 그 고가(高價)의 가격을 보면, 대만의 국민 경제를 알 것 같기도 하다.

이어서 '원주민 쇼'를 관람했다. 원주민 특색을 살린답시고 좀 어설프고 엉성하게 꾸며 놓은 가설 무대 비슷한 공연장에서, 10대 정도로 보이는, 키가 작은 원주민 아가씨들이 나와, 그들 특유의 춤으로 쇼를 공연해 보여 준다. 프로그램 자체는, 원주민 아가씨들이란 호기심 외엔 별 흥미가 없다. 그러나, 진행이 끝나기 바쁘게 관람객들을 끌어들여 즉석 사진을 찍고, 돈을 받는 상혼이 원주민이란 이미지(image)의 순박성을 깡그리 벗겨 놓은 듯한 기분이다.

다시 버스를 타고 대로각(大魯閣)이라는 계곡 관광을 나섰다. 버스가 원주민 마을을 거쳐 화렌 들녘을 지나는 동안, 차창 밖으로 보이는 아열대 지방의 정취를 물씬 느낄 수 있었다. 야자, 바나나, 파파야, 레몬 등 열대성 과일이 이제 막 맺는 것이 있는가 하면, 벌써 익은 것도 있고 하여, 계절의 한계를 느낄 수가 없다. 버스가 북쪽 방향으로 도로를 달리고 있는데, 오른쪽은 해변 평야이고, 서쪽인 왼쪽은 나무가 우거진 산들이다. 산 밑에는 원주민 마을이 있고, 마을 뒤에는 밀림으로 덮인, 험하고 높은 산들이 첩첩이 솟아 있다. 창과 활 또는 덫으로 짐승을 사냥하던 원주민이 그 산 속 어디에서 금방이라도 튀어나올 것만 같은 느낌이 들었다.

얼마 후 버스는 대로각 입구에 들어섰다. 얼마간 올라간 지점에서 하차하여 버스는 빈 차로 올라가고 우리 일행은 걸으면서 구경했다. 최상봉이 해발 3,000m가 넘는다는 산악 계곡이다. 산은 전부가 거대한 대리석 덩어리이고, 계곡은 어디 오두막집 하나라도 붙여 둘 만한 공간이라곤 찾아볼 수 없다. 그야말로 깎아지른 듯한 수직 절벽에 가깝다. 그런 계곡이 거리가 19km나 된다. 이런 곳을 국립 공원으로 개발하여 '대로각'이라 이름한 것이다. 그 거대한 바윗덩어리인 산 속의 어디에서 나오는 물인지, 비췻빛을 띤 옥계수(玉溪水)가 산 속의 정적을 깨고 내달아 흐른다. 물은 대리석이 녹아서 그런지 푸르면서도 뿌연 색깔을 띠고 있다.

길은 오솔길도 하나 없고, 있다면 인력으로 만들어 놓은 관광 도로가 있을 뿐이다. 순전히 대리석 산을 계곡을 따라 파고, 뚫고, 교각을 박아 세워 고가(高架)를 만들고 하여 어거지로 닦아 놓은 도로다. 산기슭을 굽이굽이 돌아 오르는 길은 마치 두더지 굴처럼 되어 있다. 도로 전부가 굴이 아니고, 중간 중간이 가끔씩 굴이고, 그 외의 길은 바깥쪽이 틔어 있어 꼭 한 쪽이 트인 반쪽 터널을 지나는 느낌이다.

일정 구간을 걸으면서 구경에 취해 있노라면, 버스가 미리 와 있다가 태워 올라간다. 그러기를 몇 번 반복하는 동안에 19km 지점이라는 계곡 막바지에 이른다. 도로는 산 너머로 계속 뚫려 있지만, 관광은 끝나는 곳이다. 장개석 총통이 소시(少時) 적 일본에서 유학하던 시절, 고국의 어머니를 그리워하던 정을 기념하기 위해서 지은 정자와 100m도 넘을 것 같은 거대한 철골 적교(吊橋)가 놓여 있는데, 이름이 자모정(慈母亭), 자모교(慈母橋)이다.

심산유곡의 정취에 흠뻑 젖은 몸을, 타고 올라간 그 버스에 다시 싣고, 차창을 통해 절벽 계곡을 다시 보면서 화렌으로 내려왔다. 계곡을 다 내려오니 어둠이 깔리기 시작한다. 버스는 타이베이행 열차 시각에 맞추기 위해서 화렌 화차참을 향해 달리고 있다.

타이베이로 돌아가는 기차는 밤차라, 바깥 풍경은 상관치 않고, 차 안의 대만 승객들의 거동을 바라보면서 우리 일행끼리만 주거니 받거니 이야기하는 동안에 밤 10시가 넘어서 타이베이에 도착했다.

넷째 날인 마지막 날엔 아침 식사 후 짐을 다 챙기고 귀국 준비를 하여 호텔을 나왔다. 가이드의 안내로 시내에 있는 대북 시립 돈화 국민중학교를 방문했다. 예약이 되어 있지 않아, 내부 시설과 교직원들은 접하지 못하고, 외부 시설과 겉모습만 볼 수 있었다. 시설들이 전반적으로 여유가 있고, 정리 정돈이 깨끗하게 잘 되어 있었다. 복도를 지나는 동안에 보이는, 교실 수업 광경이 진지해 보였다. 한 반 학생 수는 40명 정도인데, 교실마다 T.V 모니터, 선풍기, 사물함이 설치돼 있다.

넓은 운동장을 바라보며 본관 앞 녹지 통로를 거닐다가 교무실 앞 조회단 뒤에 세워 놓은 표지판 앞에서 웃으면서 수근대는 일행이 모여 있기에 가까이 가 보았다. 표지판엔 '청결유지'를 강조하는 문구가 당연히 한문으로 씌어 있다. '保持隨時淸潔'이라고.

학교 정문을 나온 일행은 다시 중정 공항으로 가서 면세점에 들러 간단한 쇼핑을 하고, 귀국 비행기에 탑승했다.

일본 방문기(日本訪問記)

2000년 1월 15일 10 : 05 장평중학교 학생 38명과 교사 6명으로 구성된 일본 방문단을 인솔하여 김포 공항을 이륙했다. 약 1시간 반 정도 공중을 날아 일본 카가와현(香川縣) 다까마스(高松) 공항에 도착했다. 공항에 영접 나온 카가와현 교육위원회 구로까와 과장과 노무라 선생, 현지 교민 통역 아가씨의 친절한 안내를 받았다.

관광 버스를 타고 리츠린(栗林) 공원에 도착하였다. 공원에서 방문단 환영 인사 의식을 마친 후 공원 안에 있는 식당에서 일본에서 유명하다는 사누끼 우동을 대접받고 공원을 산책하면서 관람했다.

이 공원은 100년 이상의 역사를 가진, 일본 유수의 명승지답게 저수지와 동산, 우거진 수목, 연못 그득히 노니는 비단 잉어, 자연송을 인공으로 분재처럼 모양새 좋게 기른 소나무 등이 산을 배경으로 어우러져, 아름답고 깨끗한 공원 정취가 일본의 첫인상을 돋보이게 했다.

다까마스시 중심가에 있는 쇼핑몰을 지나면서 거리와 상가들을 보았다. 서울의 명동거리에 대비될 만한 번화가라곤 하는데, 서울의 거리만큼 화려하진 않다. 거리 구석구석까지 정돈이 잘 돼 있고, 매우 깨끗해 보였다.

저녁에 호텔에서 가진 환영 리셉션에는 카가와현 교육위원회 교육차장(부교육감), 간온지(觀音寺) 중학교 교장, 교육위원회 구로까와 과장 외 직원과 학교 교사 등 20여명이 참석하여 우리 방문단 교사들을 친절히 환영해 주었다. 연회에서 성의를 다해 보여 준 음식과 연회 프로그램은 예상 외로 친절하고 호의적이어서 일본인들의 몸에 배인 생활 예절임을 알 수 있었다.

다음 날은 카가와현 '역사 박물관'을 관람하기로 돼 있어서 박물관에 도착했다. 민박 갔던 우리 학생들은 박물관에서 만나기로 되어 있었다. 일본 학생 가정에서 1박을 하고 돌아온 학생들의 표정들이 밝아 보였다.

박물관은 지하 1층 지상 3층으로 된 거대한 건물인데, 유물들은 연대별로 진열되어 있었다. 입구에서 인공 동굴로 된 통로를 지나니, 바로, 고대 카가와현 청동기 시대 주민들의 원시 생활 모습들을 복원해 놓았는데, 인조 동산에 모조 초목으로 되어 있긴 하지만, 전자 장치 조명을 이용해서 더욱 실감나게 만들어 놓았다. 시대별 진열대마다 한국, 중국, 영어권국의 고유 번호를 정해 놓고, 리모콘 리시버로 그 해당 번호를 누르면 해당국 언어로 해설이 나오도록 되어 있어, 우리 방문단 일행은 모두 리시버를 귀에 꽂고 한국말 해설을 들을 수 있었다. 특별히 시선을 붙잡는 것은 우리 한국의 길쌈 도구인, 목화씨 바르는 '씨아'가 진열대에 놓여 있어 우리나라 역사 문물이 일본에 이전(移傳) 되었다는 사실을 확인함과 아울러 우리 문화의 우월성에 대한 자부심을 가져 보기도 했다. 특별한 것이라면, 2차 대전에서의 일본 항복을 '패전'이라 하지 않고 '종전(終戰)'이라고 말하는 데에서 일본인들이 패전에서의 수모를 숨기려는 심사를 엿볼 수 있었다.

방문 3일째 날이다. 일본의 중학교를 방문했다. 카가와현 북쪽 해안의 간온지(觀音寺)시에 있는 간온지 중학교이다. '간온지'라는 절 아래 해변에 위치하여서 주위 경관에 잘 어울리는 지방 학교이다. 교사(校舍) 건물 구조나 모양은 우리 한국 학교와 다른 데가 없는데, 운동장이 넓고, 체육관을 겸한 강당이 커서 시설들이 여유 있게 보였다.

강당에 마련한 환영행사는 성대하고 친절했다. 학교장의 환영 인사와 방문단 대표의 답사, 학생 대표의 환영사·답사에 이어 특활반 학생들의 고또 연주(일본식 가야금으로 우리 애국가와 일본 음악 연주)를 관람했다. 우리 방문단 학생들도 준비해 간 일본 가곡을 불러 답례했다.

우리 방문단 학생들과 간온지 중학교 학생들이 친선 게임과 놀이를 하는 동안, 우리 인솔단은 교실 수업을 참관하고 특별실을 돌아봤다. 교실 구조나 환경 구성이 우리나라 중학교와 비슷해서 표기가 일본 글자로 된 것 외에는 별로 이국적(異國的)인 느낌이 들지 않았다. 컴퓨터 교실에는 컴퓨터 42대가 놓여 있으나, 전부 교육용이고 사무용은 몇 대 있을 정도라고 한다.

교육 과정도 우리나라와 크게 다른 점이 없지만, 중학교가 50분 수업이고, 특활을 통한 소질과 적성 계발 교육에 비중을 두고 있다. 학급당 학생 수가 40명 정도인데 책상 위에는 낙서가 없고 깨끗했다. 교실 뒤에는 학생들의 사물함이 설치돼 있고, 폭이 넓은 복도에는 중앙선을 그어서 통행 질서를 지키도록 했다.

간온지 중학교 교직원과 학생들의 환송을 받으며 방문단은 다시 관광 버스에 올랐다. 동승한 구로까와 과장과 통역 가이드의 안내를 받으며 간사이 공항이 있는 오사까(大阪)로 향했다. 버스는 간온지시를 빠져나와 고속 도로를 타고 카가와현 최북단에 위치한 사카이데(坂出)시를 지나 일본 본토에 있는 오카야마(岡山)현으로 달린다. 사카이데와 오카야마 사이는 바다이다. 이 바다에 연육교(連陸橋)를 놓았는데, 이것이 '셋도하시'라는 대교이다. 전체 길이 9.4km, 수면에서의 높이 80~100m인 2층 다리로서 아래는 고속 철도이고 상층은

왕복 4차선 고속 도로이다. 10년 걸려 건설한 세계 최장의 대교라는 가이드 아가씨의 안내 설명을 듣는 동안 버스는 다리 중간에 있는 요시마(与島)라는 섬에 멈췄다.

쪽빛 바다 한가운데 있는 이 섬은 셋도대교와 잘 조화되어 절경의 관광 명소가 되어 있다. 관광 쇼핑 센터 건물내에 있는 식당에서 점심 대접을 잘 받고, 배경 좋은 명소에서 기념 촬영을 했다.

여기까지 안내 배웅을 나온 구로까와 과장을 비롯한 일본인들과 작별 인사를 나누고, 다시 셋도대교에 올랐다. 버스는 대교를 타고 오카야마현을 지나 고속 도로를 곧장 달린다. 휴게소에 한 번 들리고는 계속해서 달리는데, 적체 구역 한 군데 없이 시원하게 잘 빠진다.

5년 전 지진으로 처참한 피해를 입었다는 고베 시가지를 지난다. 그 동안 지진 피해는 완전히 복구되었다는 가이드의 말을 듣고 밖을 내다보니 과연 지진 흔적은 찾아볼 수 없다.

이어서 오사까를 관통하는 고속 도로를 따라 오사까 도시 전경을 바라보는 동안, 버스는 칸사이(關西) 국제 공항에 도착했다. 오사까에서 연육교로 통하게 돼 있는 이 공항은 바다를 매립해서 건설했다는 거대한 인공섬이다. 셋도대교와 함께 이 공항은 일본인들의 건설 능력을 자랑해 보이는 명물이라고 한다.

공항에서 쇼핑을 하고, 출국 수속 절차를 따라 기내에 탑승했다. 저녁 7시에 이륙한 비행기는 캄캄한 밤하늘을 날고 있다. 가끔 일본 육지의 전등불이 가물가물 내려다 보인다.

나는 일제 말기 어릴 때, 일본 순사들의 무자비한 행동을 본 기억과 그들의 탄압에 대한 반감으로 일본에 대한 감정이 좋지 않았다. 그러나, 저들에게서 배울 점이 많다는 말에 대해서는 반박할 자료가 없다고 본다. 아니 반박할 이유도 없다. 우리는 지금부터라도 일본에 대해서 마음을 비울 것은 비워야겠다고 생각해 본다. 우리가 상투를 풀지 않으려고 저항하던 당시만 해도, 저들은 한반도에 무력으로 침략까지 해서, 경부철도를 부설하고, 한강대교를 건설하고, 빌딩을 올리는 능력을 보였다.

우리는 '동방예의지국'이라는 말이 없어진 지가 옛날이다. 일본인들의 생활화된 예의 범절을 실제로 접해 본 나에게는 일본 여행의 즐거움과 보람의 뒷면에 드리워진, 걱정스러운 그림자가 도무지 걷혀지지 않는다.

비행기 창 밖으로 내려다보이는 전등불빛이 찬란하게 시야에 들어온다. 착륙 안내 방송이 있은 후 기체 요동을 느끼는 순간 비행기 바퀴는 활주로를 구른다. 나는 괜히 안도의 숨결을 고르면서, 방문단 일행과 함께 짐을 챙겼다.

괌(Guam) 유람기(遊覽記)

<2002년 10월>

[1일째]

맏사위가 조선일보사에서 공모하는 「기업체 부서관리 방안」 원고 모집에 당선되었다고 괌 여행권 2장을 받아왔기에 생각지도 않았던 해외 여행의 기회를 갖게 되었다. 바로 작년에 대한항공 칼(KAL)기의 괌 추락으로 탑승객 전원이 사망한 사고의 기억도 있고 해서 망설이기도 하다가 모처럼의 기회를 포기할 수 없어 떠나기로 했다.

김포공항 출국장엘 가니 조선일보사에서 파견한 가이드가 안내 표지판을 세워 놓고 그 앞에서 여행단 일행을 맞이하고 있다. 여행 목적지, 주의 사항, 준비물 등 안내와 아울러 티켓을 받고 일행과 함께 탑승했다. 8시 반쯤 비행기는 맑게 갠 공항 활주로를 미끄러지듯 날아 이륙했다.

집사람과 함께 옆에 나란히 좌석을 잡고 앉아 스튜어디스 아가씨가 챙겨다 주는 간식과 음료수를 마시고 하는 동안 비행기는 구름만 떠 있는 바다 상공을 날고 있다.

비행기 고도를 낮추기에 내려다보니 육지가 보인다. 괌이다. 고도를 낮추고 낮춰 공항으로 들어가는데 가이드가 '저 앞에 보이는 언덕이 지난 번 칼기 추락 참사가 난 곳'이라고 한다. 언덕이 별로 높지는 않은데 비행기 고도를 너무 낮추어 돌출 지형에 충돌했다는 것이다. 인천의 1,000억대 재력가가 전가족 동반 첫 해외 여행에 나섰다가 교수 사위 하나만 서울에 남긴 채 가족 모두가 사망했다는 이야기를 떠올리며 안타까워했다.

공항에 착륙하여 서울에서 탑승 동행한 가이드의 안내로 대기한 버스에 올라 숙소인 호텔로 가서 여장은 방에 넣어 두고 가벼운 차림으로 다니는 것이다. 공동 프로그램과 옵션을 소개하고, 옵션에는 경비행기 · 제트스키 · 스페셜 쇼 프로 등이 있는데 요금이 좀 비싼 편이다.

나는 집사람과 함께 생전 처음 해 보는 제트스키를 체험하기로 했다. 버스가 순회하면서 각자의 현장에 내려 준다. 제트스키가 어떻게 생겼는지도 모르고 처음 접해 본다는 것 차체가 호기심이었다. 수평선만 가물가물하게 보이는 태평양 해변 광활한 수역이 제트스키 체험장이다. 먼저 와서 타고 있는 사람들을 보니까 제트스키라는 게 수상 오토바이이다.

해상 보트장 식당에서 제공하는 소고기 바비큐 점심으로 출출하던 배를 채우고 바로 앞에 있는 제트스키 체험장으로 나섰다.

얼굴 아는 사람은 집사람밖에 없다. 가이드도 다른 데로 가고 버스에서 얼굴 본 한국인 두 가족 말고는 현지 미국인 몇 명과 진행요원이라고 흑인 두세 명 있을 뿐이다. 영어를 잘 못하는 나로서는 옵션을 괜히 했구나 하는 후회와 함께 불안한 생각이 든다.

피할 수도 없고 하여 탈의실에 들어가 수영복으로 갈아입고 나와서 용기를 내었다. 흑인 요원이 타는 요령과 주의 사항을 말해 주는데 알아들을 수가 없다. 나도 브로큰 잉글리시(broken English)로 해 보고 흑인도 한국말을 몇 마디 섞으며 실제 동작으로 익히게 해 준다. 내가 핸들을 잡고 집사람을 뒤에 타라고 하니 겁부터 먹고 거절한다. 설득하여 앞뒤 자리에 탔다. 물에서 타는 것만 다르지 그대로 두 바퀴가 있는 오토바이이다. 자세를 잡고 시동을 거니 앞으로 나가지는 않고 넘어져 물 속에 빠진다. 집사람은 안 타겠다고 한다. 다시 바로하여 시동을 가속해서 속도를 붙이니 앞으로 나간다. 가속을 계속하며 아득히 먼 코스를 돌아오기는 했지만 불안하기는 했다. 축구장 몇 배가 되는 스키장 수역 전체가 수심이 가슴까지 잠길 정도여서 안전에는 문제가 없었다. 숨쉬기용 마스크와 물안경을 착용하고 물 속에 잠수도 해 본다. 형형색색의 금붕어 같은 물고기들이 유리 같이 투명한 물 속에서 내 얼굴을 스치고 지나갈 정도로 우글우글 수없이 많다. 다시 제트스키로 코스를 몇 바퀴 더 돌고 나니 흑인 진행 요원이 이번에는 바나나보트 유람을 시켜 주겠다고 한다.

바나나처럼 생긴 노란 고무보트를 줄을 길게 모터보트에 달고 해역 깊숙이 들어가는 보트놀이이다. 바다 저 멀리까지 끌고 들어가서 시커멓게 검푸른 수면에서 겁 주려고 물보라를 튀기며 장난기를 보이기도 하면서 수중 놀이를 마무리하였다. 가이드가 승합차를 가지고 와서 호텔로 안내해 주었다.

저녁 식사는 호텔 레스토랑에서 하기로 되어 있었다. 호텔은 PIC (Pacific Island Club) 호텔인데 괌에서 최상위 특급 호텔이다. 한 층 전체를 식당으로 설치해 놓고, 세계 각국 음식 코너를 각각 마련하여 진열돼 있고. 와인과 위스키도 취향대로 받아다 마실 수 있도록 설비돼 있다. 각국의 음식을 골고루 적당량을 담아다 위스키를 반주하여 집사람과 마주하여 먹는 미국령 섬 음식이 의외로 식성에 맞아 맛 있게 배를 채우고 호텔 방 발코니에서 태평양 밤 바다를 바라보고 집사람과 이야기를 나누며 시간을 보내다가 취침했다.

[2일째]

아침에 일어나 호텔 방 발코니에 나와 앉아 바다를 바라보는 시야(視野)는 처음 보는 장관이다. 아침놀 조명 바탕에 그려진 구름 하늘

〔雲畵〕 이 태평양 수평선을 타고 대우주 캔버스(canvas)에 펼쳐지는 그림은 표현할 말을 못 찾을, 신계(神界)의 신비(神秘) 그대로다.

호텔 레스토랑에서 각국 음식 중 호기심이 당기고 취향에 맞는 음식을 적당량 담아다 놓고 와인 반주로 아침 식사를 마치고 가이드한테서 하루의 스케줄을 안내 받았다. 오늘은 호텔 레저 시설 이용으로 각자 자유 행락을 즐기는 날이다.

호텔은 제주도 서귀포의 칼(KAL) 호텔처럼 해변에 위치하여 경관이 빼어나다. 먼저 수영장에 들어가 물놀이를 즐기기로 했다.

수영과 물놀이 시설이 완비돼 있어서 부족 · 불편함 없이 마냥 즐길 수 있다. 오후에는 보트장에서 집사람을 태우고 나의 서투른 솜씨로 노를 저어 보트놀이를 하고 나서 해변 벤치에 앉아 탁트인 망망대해를 바라보며 휴식을 하다가 해변 산책도 즐겼다.

저녁에는 호텔측에서 제공하는 바베큐 파티가 있다. 호텔 앞의 잘 조경된 정원 언덕에서 투숙객 전원이 모인 자리에 미국산 소갈비 바베큐가 식탁 위에 코스로 나오고, 호텔 종업원들이 서빙(serving)에 분주하다. 푸짐한 바베큐 갈비를 칼로 써니 속은 피가 빈질빈질하니 덜 익었다. 잘 익은 부분만 잘라서 먹으며 즐기는 사이 야외 가설 무대에서는 원주민들의 디너 쇼(dinner show)가 벌어지고 있다. 요란하고 황홀한 의상과 분장에 처음 보는 괌 원주민들의 노래와 춤에 파티의 분위기는 무르익었다. 입과 눈이 함께 즐거운 가운데 파티가 끝나고 나서 가로등 조명이 찬란한 밤 해변의 정취를 즐기며 거닐다가 호텔 방으로 들어갔다.

[3일째]

아침에 일어나 해변 산책을 하며 기운을 맑게 한 후 호텔 레스토랑에서 아침 식사를 마치고 여행단 일행이 로비에 모였다. 가이드의 오늘의 일정 안내를 듣고 버스에 올라 괌 주정부 청사로 갔다. 괌 섬이 미국 영토가 된 내력과 청사 건립 연혁에 대한 안내를 듣고 근처에 있는 해변으로 가서 수평선만 보이고 아득히 배가 떠 다니는 바다를 관망했다. 바닷물은 유리같이 투명해서 물고기들 노는 것이 다 보인다.

다시 이동하여 기념품 매장에 들렀다. 보석과 기념품 몰(mall)에는 주로 미국 제품들이 자리를 차지하고 있었다. 기념품 몇 가지를 사고 버스에 올라 공항으로 향했다. 공항 근처 식당에서 점심 식사를 한 후 공항에 들어가 탑승 수속을 하고 공항 면세점에서 아이스 쇼핑(eyes shopping)을 하며 시간을 보내다가 비행기에 탑승했다.

지중해 연안국 기행
(地中海 沿岸國 紀行)

— 카타르 · 이집트 · 그리스 · 터키 —

<2008년 3-4월>

며칠 전부터 여행 안내서를 읽고 준비를 했다.

3월 30일 오후 6시까지 인천국제공항 3층 카운터 L과 M 사이 '코오롱 세계일주' 푯말 앞에 모이기로 되어 있었다. 인척 관계인들과 일반 여행객으로 모두 36명의 여행단이다. 여행사에서 나온 가이드의 안내로 짐을 탁송하고, 탑승권을 받고, 해외 여행에 따른 주의 사항을 들은 다음 기내에 탑승했다. 카타르 항공기(QATAR AIRWAY)이다. 저녁 8시 40분에 이륙하여 일본 오사까로 향했다. 오사까 간사이 공항을 경유하기 때문이다.

2시간 넘어 지나서 오사까 공항에 착륙했다. 기내에서 약 한 시간 정도 기다렸다가 다시 이륙하여 카타르 도하 공항을 향해 날고 있다. 비행기는 240석 정도의 중형이다.

기내에서 본 야경 천국 (夜景天國)

나는 왼쪽 중간쯤 창가에 자리를 잡고 안전 벨트를 맸다. 창 밖은 캄캄 칠흑이다. 도하까지 12시간 정도 걸린다고 한다. 눈을 지긋이 감고 잠을 청해 보았다. 별로 설레지도 않는데 괜히 잠이 오지 않는다. 창문으로 바깥을 내다보니 초승달이 해맑쑥하게 떠 있다. 그 옆에 조금 떨어져 별이 보이기 시작하더니 그 수가 점점 많아진다. 별빛도 초롱초롱 유난히 영롱하다. 초승달이긴 하지만, 밝기는 보름달 못지 않게, 점멸등이 번득이는 비행기 왼쪽 날개를 훤히 내려다비춘다. 지금 비행기가 구름층 위를 날고 있으니 끝없이 공활(空豁)한 이 우주 공간에 보이는 것은 달과 별들뿐이다.

나는 상상에도 없던, 뜻밖에 처음 보는 이 야경(夜景)에 빠져 잠이 달아나고 말았다. 아아, 이게 바로 야경 천국이 아닌가!

초승달 주위에 별이 몇 개 더 보이더니 이 광대무변(廣大無邊)한 밤하늘에 마치 구슬등처럼 빛나는 별들이 지천으로 많아진다. 별들이 공중에만 있는 게 아니고 저 아래쪽으로도 주렁주렁 매달려 있다. 마치 밤하늘의 어두운 장막에 반짝이는 별구슬의 발〔簾〕을 드리워 놓은 것처럼 보인다.

다시 아래를 내려다보니 저 땅 위에도 어느새 별들이 내려와 옹기종기 구슬 떨기를 만들어 놓았다. 지상의 전등불빛도 다 별처럼 보이는 것이다.

어둠 속에 지상과 공중이 다를 게 없고, 다만 어둠과 빛의 합일 조화(合一調和)로 우주는 하나요 둘이 아니다.

비행기는 날고 있다. 가도 가도 끝 없이 펼쳐지는 이 신비로운 우주 파노라마, 인세(人世)에서는 볼 수 없는 별천지이다. 여기 이런 경지가 바로 천국이 아닌가 싶다

나는 엔진 소리만 들리는 비행기 창가에서 밤하늘의 천국에 와 있다는 착각에 빠져 있다.

비행기가 초승달과 별들을 이끌고 얼마만큼을 날았는지 모르고 있는 동안 어느새 왼쪽 날개가 휘무끄레 드러나 보인다. 초승달도

빛을 잃고 지친 듯이 핼쓱하다. 별들도 수효가 점점 적어지면서 가물거리기만 한다. 저 멀리 수평선인지 지평선인지 어렴풋이 빛의 기운을 띠면서 길게 뻗쳐 조명대(照明帶)를 형성한다. 바다 상공이다. 일출(日出) 직전의 바다 상공이다. 초승달은 낮에 나온 반달이 되어 백지장처럼 얇고 희다.

수평선을 두른 연무(煙霧)가 불그레 빛을 띠고 있다. 야경 천국을 뒤로 하고 비행기는 카타르 도하 상공을 향해 바다 위를 날고 있다. 서향으로 날고 있는 비행기 뒤쪽 저 멀리서 해가 떴나 보다. 비행기 날개에 햇빛이 올라 앉았다. 저 아래는 점 하나 티 하나 없는 바다다. 초승달은 형체만 남은 채 아직도 하늘 저 멀리 떠 있다.

☆ ☆ ☆

저만큼 아래에 육지가 보인다. 어딘지는 모르지만 산도 나무도 없는 벌거숭이 땅이다. 다시 바다가 보인다. 아마 페르시아 만(灣) 상공을 날고 있는가 보다. 잠시 후 고도를 낮춘 비행기 창으로 육지가 보인다. 내려뛰어도 될 만큼이나 눈에 가까이 들어온다.

카타르 도하 공항이다. 저공 비행에 숨을 죽이고 있는 사이 착륙의 바퀴 진동을 느끼는 순간 기내에서는 침묵이 깨지고 안도의 숨소리가 흐른다. 내 손목의 시계는 오후 1시인데, 여기는 아침이다. 우리나라와는 약 6시간 정도 시차가 있다는 것이다. 시계 바늘을 뒤로 돌려서 아침 7시 정도로 맞추었다. 인천 공항에서 어제 오후 8시 40분에 출발할 때 여기 도하는 오후 2시 40분쯤이었다는 얘기다.

도하에서 비행기를 갈아타고 이집트 룩소르(luxor)로 가는 여정(旅程)이다. 입국 수속을 하고 나서 셔틀 버스를 타고 시가지를 잠깐 거쳐서 출국장으로 간다. 공항 주위가 건물들이 있는 시가지이긴 하지만, 풀과 나무가 거의 없는 사막이라는 사실을 확인할 수가 있었다.

이집트행 기내에서의 조망(眺望)

이집트행 기내에 탑승했다. 우리 일행 36명과 현지 승객 다 쳐서 70여명 정도다. 가이드가 시계 바늘을 1시간 더 뒤로 돌리라고 한다. 이집트는 7시간 시차가 난다는 것이다.

비행기는 도하 공항을 이륙하여 이집트 룩소르를 향해 날기 시작한다. 산이 없는 사막 지대라 그런지 비행기는 고도를 높여 잡지 않는다. 육지와 바다가 잡힐 듯 내려다보인다. 산이나 숲, 마을이나 도시라곤 보이지 않고, 강이나 오아시스 같은 곳도 없고, 비행기에서 내려다보기엔 저 멀리 지평선까지가 전부 사막이다. 둬 시간쯤 지나서부터 산인지 언덕인지 능선 같은 것이 보이고, 계곡이 몇 줄기 나타나면서 사막에서 어느 정도 벗어나는 느낌이다.

어딘지는 몰라도 해변에 이르니 수증기 같은 것이 마치 드라이 아이스처럼 군데군데 피어올라 온천이 아닌가 싶기도 하다.

기내 좌석이 많이 비어 있어서 나는 가로 여섯 개씩으로 된 좌석 한 줄을 혼자 쓸 수 있었다. 좌우 창측으로 이동하면서 지상의 상황을 골고루 내려다볼 수 있었다.

비행기는 다시 망망대해 상공을 날고 있다. 홍해를 지나고 있는가 싶다.

한참 후에 저만큼 육지가 보이고 숲 지대가 나타나 널널하게 펼쳐져 있기는 하지만, 역시 농사를 지을 수 없는 건조 지대인 것만은 매

한가지다.

비행기가 고도를 낮추기 시작한다. 룩소르 공항을 향해 착륙 준비를 하는 모양이다. 나지막하게 내려다보이는 지상의 모습은 지금까지와 별로 다를 것이 없고, 다만, 지대가 조금 높아 보일 뿐이다. 사막의 고원(高原) 지대인가 보다.

다시 해변 비슷한 데가 나타나고 고도를 착륙 직전 상태로 낮춘다. 방향을 왼쪽으로 틀면서 오른쪽은 나무가 자라는 산이 보이고 시가지가 나타난다. 땅에 배를 붙이듯 날아 미끄러지는 비행기 오른쪽으로 흙더미 산처럼 생긴 봉우리 3개가 보인다. 룩소르 공항도 역시 사막에 있다.

비행기는 바퀴 소리를 가볍게 내면서 착륙했다.

이집트

<3월 31일 (월)>

룩소르에서

비행기에서 내려 이집트 땅에 첫발을 디뎠다. 룩소르이다.

입국 수속을 끝내고 공항을 나서니 현지에 살고 있는 한국인 가이드가 우리를 반갑게 맞이해 준다. 전세 버스에 올라서 인원 점검을 하고는 바로 어디론가 출발한다. 카이로에 살고 있다는 가이드 아가씨의 친절한 인삿말과 함께 이집트에 대한 안내가 시작되었다.

이집트는 아열대성 또는 지중해성 기후로 여름에는 40°C, 50°C까지 올라가는 더운 나라인데도 현재 기온은 28°C 정도의 맑고 쾌적한 날씨라면서 우리를 축복 받은 여행단이라고 기분을 돋구어 준다.

이집트는 5000년 이상의 역사를 가진 나라로 인구는 약 6,700만명이고 국토는 한국의 약 5배인데 95%가 사막이라는 것이다.

룩소르 서쪽에 고대 이집트 왕들의 무덤이 있다고 안내하면서 버스는 시가지를 지나간다. 고층 건물이나 밀집된 상점들도 별로 보이지 않고, 중간 중간에 보리밭이나 밀밭 같은 경작지도 있고 배수로도 보이는 농촌 도시인데, 짓다가 마무리를 하지 않은 미완성 건물들이 많이 보인다. 건물을 올리다가 중단한 것처럼 철근이 옥상에 그대로 드러나 있다. 준공을 하지 않고 미완성으로 두면 건물세가 부과되지 않기 때문에 일부러 준공을 하지 않는다고 한다. 법을 탈세의 수단으로 악용한다는 것이다.

사방을 둘러보아도 산이라곤 시야에 들어오지 않는다. 다만, 저만치 바라다보이는 거대한 언덕이 한 군데 있다. 풀이나 나무라곤 보이지 않는 메마른 흙 언덕이다. 산이 없는 지역인지라 거기를 '산악지대'라 한다니 웃기는 말이다. 이 산악 지대가 고대 왕들의 무덤 '룩소르 신전'이라는 것이다.

잠시 후 버스가 그 신전 입구에 섰다. 차에서 내려 가이드의 안내를 따라 올라간다. 명색이 산악 지대라고 하는 곳이 무덤이라고 하기엔 너무나 거대한 흙 언덕 봉우리이다. 그저 죽음의 땅이라고나 할까. 풀 한 포기 자라지 않는 말 그대로 무덤이요, 사지(死地)이다. 4500년 전 나일강의 범람 예방을 기원하기 위해 조성된 무덤이라고 하는데, 63개 무덤 중 도굴 안 된 것은 하나뿐이라고 한다.

두 개의 무덤은 시신이 안치된 현실(玄室)까지 들어가 답사해 봤다. 벼랑에다 거의 수직으로 설치해 놓은 사다리를 타고 올라가, 발굴할 때 뚫어 놓은 좁은 통로를 40*m* 정도 들어간 자리에 현실이 있다. 커다란, 석재(石材)로 축조된 공간인데, 폭과 높이가 각 2*m* 정도에 10*m* 쯤 들어간 안쪽 끝 자리에 시신 안치소가 있다. 도굴된 무덤이라 시신과 부장품은 없다.

무덤의 현실이 인공으로 만든 거대한 흙더미 산의 깊숙한 지하에 설치되어 있고, 그것도 4500년 전 수백 리 밖에서 채굴(採掘)된 석재(石材)를 나일강의 뗏목배로 옮겨와 초대형 산악 무덤군(群)을 조성했다니 아무래도 납득이 잘 가지 않는다.

왕을 신격화하여 백성들의 숭배 대상으로 만들어 놓고, 절대적 독재 권력을 휘둘렀을 테니, 그 절대권 앞에서 무덤 조성에 투여된 엄청난 시간과 비용은 물론이고, 동원되어 희생된 민초(民草)들의 인권은 어떠했겠나를 생각해 본다.

오후 4시(현지 시각)쯤 버스는 나일강변을 따라 달린다. 폭이 널찍한 강 수면에 넘실대는 파도는 수량(水量)이 넉넉한 호수(湖水)처럼 보인다. 버스는 강변의 한 호텔 앞에서 우리를 내려 주었다.

호텔 로비와 정원 벤치에 앉아 휴식을 취하는 동안 일행 몇 명과 함께 나일강변을 산책했다. 몇천 톤 정도나 돼 보이는 대형 유람선들이 강변을 따라 정박해 있고, 강둑 쪽 둔치에는 주점, 식당, 관광 상품 가게 등이 즐비하게 들어차 있는데, 강변의 시원한 자연 정취라기보다는 관광객 상대 영업 지역이라는 느낌이 더 짙다.

열차 숙박

그 지방 고유의 현지식(現地食)으로 저녁 식사를 마친 후, 버스를 타고 룩소르 기차역으로 갔다. 카이로행 밤 열차를 타고 열차 숙박을 하는 것이다. 룩소르역의 광경이나 기차의 겉모습은 후진국의 때를 벗지 못했다.

기차가 들어와 승차를 하고 보니까 2인 1실의 침대차인데, 승무원이 와서 시트를 침대형으로 개조해 놓으니 2층짜리 침대가 되고, 구석에 세면대가 칸마다 따로 설치되어 있어서 완전한 침대칸 독실이다. 기차 겉모습에 비해서는 그런대로 뚝배기보다 장맛이다. 여행의 피로 덕(?)인지 침대에 누워 바로 잠이 들었다.

어디를 얼마만큼 갔는지조차 모르는 이국(異國) 땅 밤차 침대에서 어렴풋이 잠이 깨이긴 했는데 아직도 캄캄한 밤이다. 그대로 누워 눈만 감고 있을 뿐이지 잠은 더 오지 않는다.

어딘지 모르는 어느 지점에서 새벽이 훤히 밝아온다. 이윽고 아침으로 이어지면서 차창 밖에는 들판이 보인다. 무슨 곡식인지 넓은 들판에 무성히 자라 있는데, 산이라곤 보이지 않는 대평원 그대로다.

기차 오른쪽에서 해가 뜨는 것으로 봐서 열차가 북쪽으로 가고 있음을 알 수 있다. 지중해안(地中海岸)에 있는 카이로는 룩소르의 북쪽이니까…. 나일강에서 끌어들인 관개수(灌漑水)도 큰 시냇물처럼 기차와 같은 방향으로 도도히 따라 흐른다.

차내에서 종업원(승무원)들이 날라다 주는 빵 종류의 식품으로 아침 식사를 때우고 나니까 기차는 카이로역에 들어가고 있다. 역에 도착해서 내렸다.

카이로에서

<4월 1일 (화)>

피라미드, 스핑크스, 박물관

역전에 나가니 전세 버스가 대기해 있다. 버스에 올라 가이드의 안내를 받으며 이집트의 상징이자 세계 7대 불가사의(不可思議)에 들어 있다는 피라미드와 스핑크스를 찾아 기자(Giza) 지역을 향해 이동했다.

얼마쯤 가다니까 저 멀리서부터 산처럼 생긴 피라미드가 우람한 모습을 드러내 보인다. 호기심에 차창 밖을 두리번거리는 사이에 버스는 스핑크스 앞 주차장에 멈췄다.

차에서 내리니 4각뿔형의 거대한 봉우리 세 개가 하늘에 솟아 있다. 저것이 4500년 전 왕의 무덤이라는 것이다. 지금 여기서 보이는 것은 3기(基)뿐인데, 이집트에는 9개 지역에 98기의 피라미드가 있다고 한다.

당시 왕의 이름을 딴 케오페라는 피라미드는 세계 7대 불가사의 중의 하나인데, 146.5*m* 이던 높이가 현재는 137*m* 이고, 밑면의 한변이 230*m* 인 정4각뿔이다. 3기 중 둘은 크기가 비슷하고 하나는 조금 작지만, 230만 개의 돌로 쌓았다고 하는데 돌 한 개의 평균 무게가 2.5 **t** 이라는 것이다.

사막에서 이만한 돌이 어디서 나왔을까. 당시 이집트 왕이 이웃나라인 아라비아 어느 산에서 채석한 돌을 나일강을 이용하여 운반했고, 수십만 인부들을 동원하여 20년 만에 완공했다니 목숨을 잃은 자도 많았을 것이다. 이 무덤이 불가사의하다는 호기심보다는 당시 왕의 절대권 앞에 얼마나 많은 인명이 무기력하게 희생되었겠나 생각하니 나도 모르게 일종의 저항 의식 같은 것이 꿈틀거리기도 한다.

피라미드 내부 현실까지 뚫어서 발굴해 놓고, 돈을 받고 관광객을 들여보내기에 나도 좁은 경사로를 따라 내려가서 겨우 한 사람씩 비켜 내왕할 수 있는 통로를 7, 80m 쯤 들어가니 거기에 현실이 있다. 폭 2m , 길이 3m , 높이 4m 정도의 방에 시신 자리만 표시돼 있는 완전한 석축 현실(石築玄室)이다.

현실을 나와 입구에 있는 스핑크스를 보러 갔다. 스핑크스는 몸길이가 73m 이고, 인면형(人面形)의 머리에 몸은 사자인 거대한 석회석으로 만든 조형물로서 피라미드 무덤의 수호자 상(像)인데 얼굴의 길이가 5m 나 된다고 한다.

다시 이동하여 지평선까지 펼쳐진 허허 벌판 사막을 조망(眺望)하며 피라미드를 배경으로 사진 촬영을 했다.

버스에 올라 여행사에서 준비해 온 한식(韓食) 맞춤 도시락으로 점심을 먹은 후 카이로 시내에 있는 고고학 박물관으로 갔다. 박물관은 2층으로 된 건물인데, 주로 고대 왕과 왕족들의 석조상(石彫像)과 금관(金冠), 무덤에서 발굴한 금으로 된 관곽(棺槨) 등 이집트 5000년 역사의 수많은 유물들이 전시되어 있다. 섬세한 면은 별로 없지만, 권위를 내세운 크고 웅장한 이집트 풍 석조 문화 유물들을 관람할 수 있었다.

박물관에서 나와 식당으로 가서 이집트 특유의 빵과 함께 현지식으로 저녁 식사를 마치고 호텔로 가서 피로를 풀었다.

사하라 사막, 오아시스, 폭포수

<4월 2일 (수)>

호텔에서 조식 후 버스에 올라 사하라 사막의 오아시스를 찾아간다. 카이로 시가지를 벗어나서 왕복 2차선으로 포장된 도로를 달린다. 사막을 관통하는 도로이다. 몇 시간을 달려도 풀이나 나무는 보이지 않는, 모래만의 평원(平原)이다. 사방을 둘러봐도 지평선뿐이고, 버스는 지평선 원둘레의 한가운데서 모래만의 벌판을 달리고 있다. 사하라 사막이다. 두 시간 정도를 달렸다 싶은데도 버스는 역시 지평선 원심에 있다.

저만치 사막 식물이 듬성듬성 시야에 들어온다. 오랜 만에 나무가 그저 몇 그루 자라 있고, 인가(人家)의 지붕 같은 것이 보인다. 또 저만치 떨어져서 거대한 흙덩어리 산 하나가 우뚝 서 있다. 잠시 후 버스는 그 앞에 가서 멈췄다.

여기가 오아시스다. 패이윰(Fayum)이라는 곳이다. 차에서 내려서 100*m* 쯤 거리에 우뚝 선, 거대한 피라미드를 향해 걸었다. 가까이 가서 보니까, 돌로 짜서 쌓아 올린 돔(dome)형의 무덤인데, 4500년 전에 이룩한 축조물이라고 한다. 크기나 규모는 어제 본 카이로 기자 지역의 피라미드 정도인데, 그 옆에 조금은 작은 피라미드가 또 하나 더 있다. 두 무덤의 현실에도 들어가 보았다. 시신을 안치한 곳은 상당한 크기의 방처럼 되어 있는데 부장품(副葬品) 유물은 하나도 없었다.

다시 이동하여 폭포를 보여 준다는 것이다. 차에서 내리니 역시 사막뿐인데, 바로 앞 저만치 바다가 보인다. 바다가 아니고 호수(湖水)라는 것이다. 호수로 보기엔 너무 크다. 아무리 보아도 바다 같은 느낌이다.

가이드를 따라 연안(沿岸) 언덕 같은 곳으로 가 보니, 가이드가 “저기 폭포를 보라.”고 한다. 폭포치고는 너무나 가소롭다. 우리나라 저수지의 무넘기(배수로) 물 정도도 안 되는 물이 언덕 위에서 도랑으로 흘러 낙차(落差)를 보이는 정도다. 온통 사막으로 된 나라에 무슨 폭포가 있겠나 싶은 생각이다.

다시 버스로 이동하여 바다 같다는 호숫가 벤치에 앉아 여행사에서 준비해 온 한식 도시락을 풀어 놓고 점심 식사를 했다. 인천 공항 출국 때 준비해 온 참이슬 팩 소주로 반주를 곁들인, 사하라 호반의 도시락 점심은 이국(異國)에 와 있다는 느낌이 안 들 정도의 미각(味覺)이다.

다시 버스를 타고 카이로를 향해 달리는데, 오전에 왔던 길이 아니고 다른 길인데도, 역시 아스팔트 2차선 사막의 도로이다.

카이로 시내에 와서 물레방아 양수장(揚水場)을 보았다. 나일강물을 높은 지대로 끌어올리는 물레방아식 양수 관개(揚水灌漑) 시설인데, 2천 3, 4백년 전에 설치했다는 사실이 관심사이다.

나일강 야경 유람(夜景遊覽)

저녁 식사는 나일강 선상(船上)에서 뷔페식으로 한다는 것이다. 버스로 강변을 따라 선착장에 도착했다. 네온사인 같은 조명이 휘황찬란한, 큼직한 유람선이 어둠이 덮히는 강 수면에 떠 있다. 승선하여 들어가니 유람선 1, 2층이 식당 홀(hall)로 되어 있는데 우리 단체는 1층에 자리를 잡았다. 가운데는 무대 공간으로 되어 있고 좌석은 예약석이다. 좌석이 다 차기를 기다려서 식사가 시작되었다. 음식은 이집트 뷔페식이라 취향에는 별로 안 맞지만, 이집트풍 가요와 훌라춤과 쇼를 곁들여 흥미진진한 분위기이다. 배는 수면을 미끄러지듯 둥둥 떠서 나일강의 밤 수면을 찬란한 불빛으로 조명하면서 앞으로 또는 옆으로 움직여 나아간다.

즉석에서 사진을 찍어 돈 받고 파는 상술도 있었지만, 이집트에 와서 이런 정취도 느껴 보는구나 하는 기분에 모두들 박수를 치면서 좋아했다.

밤 10시(현지 시각)가 넘어 버스에 올라 호텔로 가서 둬 시간 휴식을 취하고, 다시 버스를 타고 카이로 공항으로 이동했다.

공항에 내려 이집트 담당 가이드와는 작별 인사를 나누고, 출국 수속을 마친 뒤 출국장의 면세점을 둘러보았다. 일행 몇 명과 함께 면세점 캔맥주를 하나씩 따 마시고 비행기 트랩을 올랐다. 비행기는 새벽 2시 40분에 이륙하여 밤 하늘을 진동하며 날아올라 아테네를 향해 날고 있다. 2시간쯤 지나 아테네 마라톤 평야에 자리잡은 베니젤로스 공항에 착륙했다.

그리스

<4월 3일 (목)>

아테네에서

비행기에서 내려 입국 수속을 마치고, 여행 가방을 찾아서 공항

밖으로 나서니 그리스 현지 가이드가 친절하게 우리를 맞이한다. 중년 나이의 아주 상냥한 아주머니이다.

전세 버스에 올라 아테네 시내를 지나간다. 그리스는 유럽의 남동쪽 발칸 지역 최남단에 위치한 나라로 면적은 우리 남한의 1.5배 정도에 인구는 약 1,100만명이다. 3,000개 정도의 섬이 있는데, 70여개만 사람이 살고 나머지는 무인도라는 것이다.

아테네는 인구 450만 정도이고, 2003년 세계 올림픽 경기를 치른 도시이다. 시가지의 길은 좁고 차들은 많아 교통이 혼잡하다. 뽕나무와 밀감나무를 가로수로 심어 노변에 즐비하다. 그리스는 본명이 원래 '텔라 공화국'이었었는데, 로마 지배 시대에 비하(卑下)된 명칭이 그리스라는 것이다. 올리브나무가 많아 세계 올리브 생산량의 3분의 1을 차지하고, 담배와 대리석이 유명하다는 것이다.

그리스 국회 의사당 앞에서 잠깐 내렸다. 의사당 건물은 규모나 외모로 봐서는 우리나라 여의도 국회 의사당과는 비교가 안 될 정도로 작아 보인다. 그러나, 세계 민주주의의 원조국(元祖國) 수도 아테네에서 시범적 민주주의의 산실(産室)이라고 소개하는 가이드의 말에는 수긍이 간다.

마네킹이 서 있는 것으로 착각이 될 만큼 정물(靜物)처럼 보이는, 전통 군복 차림의 경비병이 초소 좌우에 한 명씩 서 있다. 접근하거나 말을 걸어도 안 된다는 것이다. 전통 교대식이 특이하다고 해서 보려고 했는데, 마침 빗방울이 떨어지고 있어 생략하는 바람에 볼 수는 없었다.

의사당 앞 축대 벽면에 그리스 군의 한국 6·25 참전 기념 문구가 그리스어로 석판(石板)에 새겨져 있다. 1,000여명이 참전했다는 것이다. 'KOREA'라는 단어 하나가 감회를 깊게 한다.

다시 버스를 타고 가는 길에 전차(電車)가 지나간다. 1950년대까지 우리 서울에 있었던 것과 비슷한 모양인데, 그 전차의 설계 · 제작자가 한국인이라는 것이다. 모두들 함께 뿌듯한 자부심을 가지기도 했다.

근대 올림픽 경기장 앞에서 버스를 멈추고 가이드의 안내말을 듣는다. 여기에서 2003년 세계 올림픽 경기를 치렀다. 올림픽의 기원국가인 그리스에서 1896년 근대 올림픽이 부활했고, 올림픽 성화(聖火)도 아테네에서 5시간쯤 걸리는 올림피아의 헤라 신전 앞에서 채화한다는 것이다.

그리스인들은 게을러서(?) 매일 오후 3시에서 5시 사이 2시간은 낮잠을 자는 시간으로 법에 정해져 있다는 것이다. 이 시간 동안은 관공서고 회사고 거리 상점이고 할 것 없이 낮잠으로 쉬기 때문에 완전 휴무라는 것이다. 그래서 G.N.P도 다른 나라에 비해서 낮다고 한다. 그렇지만, 연간 1,200만명 이상의 관광객 유치로 엄청난 관광 수입을 올리고, 면화와 담배, 대리석 수출이 많아 잘 산다고 한다.

에게해(海) 유람

가이드의 안내를 듣는 동안 버스는 피레호스라는 항구에 왔다. 세계 선박 제1위국이라는 명성에 걸맞게 연안에는 엄청나게 큰 배들이 바다를 메우고 있다. 가이드가 그 많은 선박 중에서 제일 멋진 배 하나를 골라 보라는 것이다. 우리가 머뭇거리는 순간 '저어기 저 배를 보라'며 손으로 가리킨다. 우리나라 '삼성 중공업'이라는 글자가 눈에 확 들어온다. 우리 선박이 세계 선박왕국의 대열에 들어 있다는 것을 자랑하려는 가이드의 조국관을 읽을 수 있었다.

여기서 크고 호화로워 보이는 유람선에 올랐다. 에게해를 횡단하여 에게 섬을 간다는 것이다. 한 쪽 저 멀리 섬인지 뭔지 가물가물 어렴풋이 잠긴 듯이 나타나는 것 외에는 사방을 둘러봐도 원둘레 수평선뿐이다. 배는 넘실대는 검푸른 물결을 가르면서 속도를 더 내고 있다. 날씨는 쾌청하여 쪽빛 바다에 하늘도 티 없이 맑아 바다인지 호수인지 천해일연(天海一然)이다. 유람선 뱃머리에 서서 바라다보니 저 멀리 수평선 위에 뭐인지 떠 있는 것이 보인다. 점점 떠오르고 있다. 한참 후 배가 가까이 다가가니 거기가 에게 섬이다. 배는 섬과 섬 사이를 지나 어느 부두에 접안(接岸)한다. 배에서 내리니 아기나 섬이라고 한다. 아몬드가 특산인 이 섬이 사상 최초로 동전(銅錢)을 만들어 세계 동전 사용의 기원지(起源地)라는 것이다.

한 시간쯤 자유 시간을 가진 뒤 식당에서 이 섬의 현지식 점심을 먹고, 다시 부두로 가서 에게 바다를 바라보면서 잠시 쉬고 있었다. 우리를 태우려는 거대한 유람선이 들어온다. 배가 부두에 접안을 하자마자 승선하여 다시, 왔던 항로를 따라 항해를 한다. 출발했던 피레오스 항구로 되돌아가는 것이다.

아크로폴리스 언덕 · 파르테논 신전

피레호스 항구에 도착해서 대기하고 있는 버스에 올라 가이드의 안내를 들으면서 이동한다. 아크로폴리스 언덕으로 간다는 것이다. 아크로폴리스 언덕은 유명한 신전(神殿)들이 모여 있는, 그리스의 최고 성지(聖地)이자 관광 명소이다. 언덕 아래 주차장에서 내려 걸어

올라간다. 언덕이라곤 하지만 해발 150m 정도의 동산이다. 올리브 나무들이 우거져 있고 조경이 아름답다.

언덕 중간쯤에 있는 야외 음악당에서 걸음을 멈추었다. 시가지가 내려다보인다. 석축이 성벽처럼 둘러 있는 유적지 정도로 보이는데, 여기가 야외 음악당이라는 것이다. 2500년의 역사를 지닌 이 음악당은 지금도 예약을 해야 될 정도로 수준 높은 음악회가 열린다고 한다. 우리 한국의 세계적인 성악가 조수미도 작년 여름엔가 이 음악당에서 절찬리에 공연을 하여 폭발적인 인기리에 기립 박수를 받았다고 한다.

다시 꼭대기로 숨가쁘게 올라가니 신전 입구다. 정문 안에 들어서니 각종 조각 형상의 돌기둥과 문루(門樓)가 신전이라는 느낌을 더해준다. 언덕 위 꼭대기에 거대한 신전이 기둥만 남은 채 모습을 드러낸다. 이것이 파르테논 신전이다. 대리석을 조각해서 세운 거대한 돌기둥이 전면(前面)에 17개, 옆면에 8개씩 도열한 단층 건물인데, B.C 5세기에 축조했다니 2500년 전 고대 그리스의 석조 건축 수준에 감탄을 금할 수가 없다. 세계 제일이라는 이 신전이 17세기까지는 원형이 보존되었었는데, 당시 터키와의 전쟁에서 파괴되어 지금은 기둥만 남아 있고 절묘한 조각상과 옥개석(屋蓋石) 부품은 하나도 볼 수가 없다. 지금은 영국 대영 박물관과 터키에 가 있다고 한다.

기둥 46개가 같은 모양은 하나도 없고 각각 독특하게 다듬어졌으면서 기둥이 서 있는 각도가 수직이 아니고, 46개가 각각 안쪽으로 조금씩 기울어져 있어 기둥선을 공중으로 연장하면 결국 한 점에서 만나 직4각뿔이 되게 설계되었다고 한다. 이 상상의 4각뿔은 교회의 첨탑을 연상케 한다. 세계 7대 불가사의에 든다고 하니 더 말할 게 없다.

신전 앞에 따로 있는, 뉴욕의 자유여신상의 본상(本像)을 보고, 파르테논 신전 옆 조금 아래에 있는 제우스 신전과 운동화 브랜드 나이키의 니케 신전도 보았다.

시선을 바꾸어 사방을 둘러보니 아테네 시 전경이 한 눈에 들어온다. 높고 큰 빌딩의 숲은 보이지 않고 집들이 촘촘히 들어찬 도시 풍경이 쾌청하게 맑은 날씨에 더욱 돋보인다.

다시 발걸음을 옮겨 언덕을 내려온다. 기후대가 우리나라와 비슷한 그리스가 역사의 유구함도 거의 맞먹는다고 보는데, 2500년 전 고대 석조 문화의 수준은 역시 대단하다는 생각이 들었다.

페리호 선실 숙박

다시 버스에 올라 터키행 페리호를 타기 위해서 피레호스 항구로 이동했다. 페리호는 10,000t급 대형 선박인데, 여기에서 9시간 정도를 소요해서 터키로 가는 것이다.

부두에서 승선하여 선실 방을 배정 받아 보니 4인 1실로 침대가 2층으로 4개가 있는 방이다. 샤워 시설이 완비된 욕실이 방마다 있고 처음 경험하는 선상 숙박치고는 괜찮다는 생각이 들었다. 저녁 식사도 선상에서 제공하는 빵 종류의 식품으로 해결하고 잠자리에 들었다. 배가 커서인지 별로 요동을 느끼거나 멀미는 나지 않았다.

새벽 5시가 채 안 돼서 페리호는 터키의 히오스라는 항구에 접안했다.

터 키

<4월 4일 (금)>

배에서 내리니 아직도 새벽이다. 안내에 따라 부두 가까이에 있는 식당으로 가서 아침 준비가 될 때까지 환담을 나누며 기다렸다. 한국인 교민이 운영하는 식당인데, 음식은 한식이 아니고 현지식이다.

식사 후 다시 선박에 올라 체스메라는 항구로 가는 것이다. 2시간쯤 걸리는 거리인데, 아침 이른 시간이라 그런지 현지 승객은 없고 우리 일행만 승선해서 배를 전세낸 기분이다. 갑판에 올라가 보니 멀리 높은 산들이 병풍처럼 둘러 있고, 산 아래는 어촌 도시가 해변을 따라 길게 펼쳐져 있어, 꼭 우리나라 속초항 같은 느낌이 들어서 "저기 설악산이 보이잖냐?"고 농담도 했다. 오전 8시쯤(현지 시각) 돼서 체스메에 도착했다. 배에서 내리니 가이드와 전세 버스가 대기하고 있다.

에베소에서

버스에 올라 가이드의 안내를 받으며 이동한다. 터키 최대의 유적지라는 에베소로 가는 것이다. 시야에 들어오는 산들은 다 민둥산이다. 언덕 위의 한 지점에 버스가 도착했다. 차에서 내리니, 계곡처럼 생긴 지형에 저 아래까지 내려다보아는, 고대 유적들의 전경(全景)이 눈 앞에 펼쳐진다. 고대 도시의 유적지 에베소이다. 에베소는 B.C 2000년경부터 유래가 시작된다니 4000년 전의 역사 유적지이다. 로마 시대 신전들의 유적과 조각상으로 아로새긴 석조 기둥들이 즐비하게 남아 있다. 판석(板石)으로 깔아 덮은 시가지 길을 따라 아래로 내려간다. 길 양쪽에 남아 있는 돌기둥들과 석벽, 주춧돌 등 수천 년 된 유적들이 우리의 시선을 사로잡아 감탄케 한다. 성모 마리아의 집과 교회터, 화려했을 궁궐의 규모와 당시 생활상에 대한 안내를 받고, 당시의 목욕탕 자리와 화장실의 석조 변기를 보았다. 여기서 수천 년 전 고대인들이 어떻게 생활했을까를 상상해 보고, 인간의 생리적 생활은 고대나 현대나 다를 바가 없다는 생각도 들었다.

조각으로 아로새긴 지붕 일부와 돌기둥들이 그대로 고스란히 남아 있는 석조 2층 도서관 건물이 위용을 드러낸다. 2세기 초 건물이라는 데에 또 다시 감탄이 나온다.

도서관 앞에서부터 대리석으로 깔아 놓은 「대리석 거리」를 지나 대극장으로 들어갔다. 2만 5천명을 수용할 수 있는 대형 노천 극장이다. 산 아래 자리잡은 이 노천 극장은 2000여년 전에 석재로 축조되어, 앞에는 무대가 있고 산을 등진 관람석이 3층단(層段) 반원형 석계(石階)로 되어 있는데, 에베소에서 가장 잘 보존된 유적이라고 한다.

무대에서 말하는 육성(肉聲)이 그대로 관중석 최상층 계단 좌석까지 잘 들린다고 하기에 나는 일행 몇 명과 함께 관중석 최상층 끝 귀퉁이까지 올라가 소리를 직접 들어 보았다. 과연 잘 들린다. 마이크가 없던 고대에 어떤 원리를 적용한 과학인지 그저 신기하기만 하다.

에베소를 다 보려면 하루는 걸린다고 한다.

수천 년 전 시대에 순 석조 건물로 조성된 고대 도시 에베소……. 지금 남아 있는 고수준의 조각 솜씨와 건축 기술. 당시의 도시 규모와 건축물의 웅장함에 감탄밖에는 표현할 말이 없다.

서아시아 에게해 연안에 위치한 터키 에베소의 유적들은 건축학적 · 고고학적 · 미학적으로 높이 평가되고도 남음이 있겠다는 생각이 든다.

수천 년 전 고대인들의 삶의 터전이었던, 화려하기도 했을 도시가 석조(石造)의 유적만이 남아 저 멀리까지 아득히 시야에 펼쳐지는 고대 도시 에베소의 전경(全景)을 바라보면서 대기하고 있는 버스에 올랐다.

파묵칼레 석회석 온천

버스는 석회석(石灰石)의 계단식 절벽으로 이루어진 노천 온천으로 간다는 것이다. 파묵칼레라는 곳이다. 버스에서 내리니, 석회봉으로 둘러싸인 분지처럼 보이는 거대한 지형 파노라마가 시야에 들어온다. 석회암 녹은 물이 흘러내리고, 풍화 작용으로 형성된, 연갈색의 절벽이 있고, 그 지층에서 시작된 곡선 수로에 온천수가 개울물처럼 흘러내린다.

고대 휴양 도시였다는 파묵칼레가 지금은 노천 온천으로 남아 그 지형의 오묘함이 불가사의한 자연의 거대한 작품이다. 저만치 산기슭에는 옛날 지진으로 파괴되어 유적만 남았다는 야외 음악당, 개선문, 박물관, 목욕탕, 고대 무덤 등 많은 유적들이 남아 있다.

야외 온천에서 온천욕을 즐기는 사람들도 보인다. 우리 일행은 흐르는 온천수에 족욕(足浴)으로 온천 체험을 끝내고, 그 일대 석회석 계곡을 내려다보면서 산책을 즐겼다.

다시 버스에 올라 근처의 호텔에 투숙했다.

<4월 5일 (토)>

아침에 일어나 호텔방에서 내려와 운동 겸 주위를 산책했다. 주위에 높은 산은 없고, 나무도 풀도 없이 흙 언덕처럼 보이는 절벽에 전날 가이드가 말해 준 동굴 주택의 창문들이 군데군데 구멍처럼 뚫려 있다.

카파도키아에서

호텔 조식(朝食) 후 버스를 타고 이동한다. 도로변에는 꽃이 핀 과일나무도 있고, 새싹이 돋는 풀도 보인다. 한국의 봄과 비슷한 계절이다.

얼마쯤 달려서 차를 세운 곳이 카파도키아란 곳이다. 초목이라곤 거의 찾아볼 수 없는 흑갈색의 벌거숭이 땅이다. 산도 아닌 야트막한 언덕들이 산봉우리 형상을 하고 겹겹이 물 없는 건계곡(乾溪谷)을 이루어 광활한 지역을 차지하고 있다.

수백만 년 전에 화산 폭발로 분출된 용암이 이 지역 일대를 뒤덮었는데, 그 화산재가 세월이 흐르면서 석회석으로 변했고, 이것이 풍화 · 침식으로 인하여 지금의 카파도키아라는 지질학적 기적이 만들어졌다는 것이다.

크고 작은 석회암 봉우리들이 장미꽃처럼 겹겹이 겹쳐 있는 것이 거대한 장미꽃을 연상케 한다는 장미계곡도 장관이지만, 어제 덴브렌트 계곡에서 본 요정의 굴뚝, 낙타바위, 물개바위, 성모 마리아상, 나포레옹 모자 등 기묘하게 침식되어 절묘한 형상으로 넘어질 듯 떨어질 듯 절벽에 붙어 솟아 있는 기암괴석의 신품(神品)에 감탄의 입이 저절로 벌어진다. 우리나라 금강산 일만이천 봉의 기암괴석도 장관이긴 하지만, 이 터키 카파도키아의 석회석 자연 조각품들은 여기서밖에는 볼 수 없는 또 다른 진경(珍景)이 아닌가 싶다. 끝 없이 전개되는 계곡에 야트막한 언덕배기 나직한 봉우리마다 마치 침식 작용으로 속이 비어 있는 것처럼 보이는 동굴 문이 군데군데 뚫려 있다. 자연 동굴이 아니고, 그것이 동굴 주택이라는 것이다. 연대는 정확치 않아도 약 5000년 전에 고대인들이 거주했던 동굴 주택의 광대한 주거지였다는 가이드의 안내에 더욱 귀를 기울였다.

초기 기독교인들이 로마인들의 탄압을 피하여 이 카파도키아에 와서 동굴 주택을 피난처로 사용했다고도 한다.

버스로 이동하면서 몇 군데 계곡을 더 답사했다. 동굴 주택에 직접 들어가 보았다. 내부는 말 그대로 주택이다. 방에는 창문도 나 있고, 안방, 주방을 비롯해서 용도별 방들이 마련되어 있다.

다시 버스로 이동하여 위치하르(꼭지산이라는 뜻)라는 계곡을 갔다. 이 곳에 있는 동굴 주택을 들어갔더니 10여 명이 앉을 수 있는 탁자와 의자가 정리되어 있고, 현대식 주방기기에 전기도 들어와 있어 고대 유적이라는 느낌을 지우게 한다. 일행이 동굴방 의자에 앉아 커피도 시켜 먹고 사진도 찍으니 만리 이국(異國)에 와서 느끼는 정취와 맛은 뭐라 표현해야 할지 모를 정도였다.

버스로 이동하여 도자기 마을을 갔다. 점토(粘土) 반죽으로 도자기 모형 떠내는 과정과 방법을 견학하고 전시실에 들러서 도자기 제품들을 둘러보았다. 제품의 모양도 다양하고, 치밀하고 정교한 천연색 문양과 터키인의 도자기 기술 솜씨에 놀라움을 금치 못했다. 특히 터키탕의 목욕 광경을 모자이크 문양 그림으로 재현한 커다란 액자형 도자기는 보는 사람들의 발걸음을 멈추게 한다.

터키의 도자기 역사가 5000년이나 되고, 아바로스라는 그 지방 남자들의 60% 이상이 도자기업에 종사한다는 것이다. 우리 한국의 고려자기의 고정 관념에 매여 있던 나는 터키 도자기를 보고 새로운 인식을 가지기도 했다.

카파도키아는 말(馬)과 포도의 산지이기도 하다는 것이다.

다시 버스에 올라 식당으로 이동한다. 저녁 식사는 동굴 식당에서 한다는 것이다. 동글 식당이라는 말에 종일 카파도키아 일대의 동굴 답사로 이색(異色) 견문에 꽉 차 있는 우리 관광객들에게 또 한 가지 호기심을 가지게 한다.

버스가 지나는 곳에 잔디 축구장이 있다. 터키의 시골 어느 산간 지방의 운동장인데 야간 경기를 할 수 있는 라이트까지 설치돼 있다. 이 정도의 축구장은 지방마다 있다면서 터키의 축구에 대한 관심을 알 만하다고 한다.

어느새 버스는 동굴 식당 앞에 멈췄다. 앞에 보이는 것은 식당이나 상가 건물이 아니고 돔형으로 보이는 우뚝한 산봉우리이다. 그 봉우리 속이 식당이라는 것이다. 동굴 식당이다.

출입문으로 들어가니 안에는 조명이 밝고 가운데 홀(hall)이 널찍한데, 원둘레형 벽쪽으로 방들이 있다. 우리 일행이 들어간 방은 20여명이 앉을 수 있는 굴방(屈房)이다. 양쪽에 반원형으로 된 식탁과 벽에 기대어 마주보고 앉도록 돼 의자가 있다. 전부 굴을 파서 만든 고정된 석조품(石造品)인데. 10명에서 20명 정도씩 들어앉을 수 있는 방들이 둘러 있어 동굴 전체로는 어림잡아 100여명 정도가 동시에 식사할 수 있을 것 같다.

식사는 빵과 터키 특유의 음식인 케밥이다. 케밥은 양고기 백반인데, 스테이크로 만든 양고기에 밥을 겸하는 음식이다.

화장실도 동굴내에 있는데 현대 수세식이다.

오늘 하루를 동굴 생활권에서 보냈지만, 이 동굴 식당에서 식사를 즐긴 체험은 이번 여행에서 더욱 귀한 추억으로 남으리라 생각된다.

지하 도시 입람(入覽)

<4월 6일 (일)>

동굴 식당 부근 호텔에서 자고 조식 후 전세 버스를 타고 시내에 있는 진주 · 보석 귀금속 상회를 둘러 보고 데링구유라는 지하 도시를 찾아갔다.

이 지하 도시는 1963년에 발견되어서 지금은 터키의 관광 자원으로 유명하다는 것이다. 버스에서 내려 가이드의 안내와 주의 사항을 듣는다.

"이 지하 도시의 조성 연대는 알 수 없지만, 수천 년 전 고대인들의 지하 주거지임에는 틀림 없다. 현재 24구간이 발견되었고, 깊이는 약 40~80*m* 지하까지 발굴되었는데 아직 미발굴 지점도 있다. 지하의 온도는 연 평균 6℃ 정도이고, 우물도 52개가 발견되었다. 지금 우리가 답사할 이 지하 도시에서 지하 통로로 12k*m* 나 떨어진 곳에 또 다른 지하 도시가 있고, 이 두 곳에서 서로 왕래했다" 고 하니, '믿거나 말거나 얘기'처럼 들린다.

가이드의 안내를 따라 지하 도시를 들어간다. 서서 들어갈 정도로 통로가 꽤 너른 굴인데, 통로가 갈리는 곳마다 주거하던 방 모양의 공간이 있고, 우물과 화장실은 지상으로 굴뚝처럼 뚫려서 하늘이 보이도록 되어 있다.

40m 정도 내려간 곳에 학교라고 소개하는 큰 방이 하나 있다. 교단처럼 약간 높은 토단(土壇)이 있는데 역시 믿거나 말거나다.

포도주를 빚던 방이 있다면서 안내하기에 통로를 따라 내려가 보니, 큰 방 정도의 공간이 있고 그 옆에 작은 방이 하나 더 있는데 지상 바깥으로 큰 구멍이 뚫려 있다. 그 구멍으로 포도와 물을 내려 보내면 이것을 큰 방에다 저장하여 숙성시켜 포도주를 만들었다는 것이다.

이 지역이 현재도 포도의 대량 산지라는 얘기와 맥락이 통하는 것 같기도 하지만, 어쨌든, 지하 땅 속에 그 정도로 큰 지하 도시가 있었다는 데 대해서는 고대 원시적 토목 시대로서는 상상이 미치지 않는 또 하나의 불가사의가 아닐 수 없다. 고대 전쟁의 무자비한 살육을 피하여 지하에 피난처를 만들었는지는 모르지만, 오늘날 첨단 토목 장비로도 어려운 이 거대한 지하 토목 공사(굴을 인력으로 파서 만든 지하 도시)가 원시적 고대에 어떻게 이루어졌을까 하는 상상이 더욱 궁금한 미스테리가 아닐 수 없다.

아마 세계 일주 몇 번을 해도 이런 지하 도시의 유적은 볼 수 없을 거라 생각하니 고대 유적의 나라 터키의 이번 여행은 정말 잘 왔다는 생각이 든다.

앙카라로 이동, 소금 호수

터키 서남부 지역의 고대 유적 답사 여행은 끝내고 오후 4시쯤 터키 수도 앙카라를 향해 출발했다. 터키의 서남쪽에서 동북 방향으로 종단(縱斷)해 가는 것이다. 왕복 4차선 도로를 1시간 반 정도 달릴 때까지 왼쪽은 지평선만 보이는 대평원이고, 오른쪽은 수목이 없는 민둥 야산들만 계속된다. 가끔 방목(放牧)하는 양떼들이 풀을 뜯고 있는 모습들이 평화롭게 보인다. 가이드의 말에 의하면 터키의 양모 · 양피 생산량이 호주보다 더 많다는 것이다.

버스가 민둥산 초원 지역을 2시간쯤 더 달린 지점에서 가이드가 소금 바다를 보라고 소리친다. 차내에서 바라보니 광대한 바다가 펼쳐진다. 그런데 이게 바다가 아니고 호수(湖水)라는 것이다. 터키 소금의 최대 공급원(供給源)인 소금 호수라는 것이다.

호반(湖畔)에 버스를 세우고 내렸다. 파도가 넘실거리는 물가에까지 갔다. 물은 맑지 않고 약간의 흙물이다. 손가락에 찍어서 혀끝으로 맛을 보니 과연 바닷물보다 짜다. 물이 짜면 바다여야지 어찌 호수란 말인가. 의아심을 갖고 잠시 소풍을 하다가 다시 버스에 올라 달린다. 앙카라까지는 아직도 4시간 이상을 더 가야 한다는 것이다. 이름 모르는 지방 도시 시가지를 지나간다. 아직도 소금 호수가 왼쪽으로 보인다.

여기서부터 수목이 무성한 산간 지방을 지나간다. 소나무, 전나무 등 산림이 우거진 산을 터키에 와서 처음 보는 것이다. 터키에서가 아니라, 카타르, 이집트, 그리스를 거쳐오면서 처음이다. 산간 협곡을 지나니 다시 들이 나온다. 산림이 보기 좋게 우거진 야산과 들판이 잘 어울려 자연 경치가 아름답게 펼쳐지는, 우리나라 평택 정도의 평야 지방이다. 승용차들이 주차해 있는 농촌 마을이 보이고, 양떼들의 목장이 있고 나무들이 있는 초봄의 전원 풍경 그대로다. 아득히 멀리 눈이 덮인 설봉(雪峰)도 보인다. 만년설은 아니라고 한다. 앙카라에 다 와 가는 줄로 알았는데 아지도 2시간은 더 가야 한다는 것이다.

달리는 버스 앞쪽으로는 산은 보이지 않고 아득히 지평선만 원을 그린다. 해는 지고 어둠이 깔린다. 조는 둥 마는 둥 하는 사이 버스는 앙카라 시내에 들어왔다. 카파도키아에서 장장 9시간 걸려서 온 것이다. 시내는 가로등이 있고 상점들의 불빛이 비춰 나온다.

저녁 식사를 마치고 호텔에 들어가 피로에 지친 몸으로 잠자리에 들었다.

앙카라에서

<4월 7일 (월)>

앙카라 1박에 아침 일찍 서둘러 '한국 공원'이라고 이름 붙인 공원엘 갔다. 6·25 동란 때 터키군의 한국전 참전 기념탑이 있다. 여행단 모두가 기념탑 앞에서 묵념으로 참배했다.

전세 버스에 올라 이스탄불로 간다. 이스탄불까지 5시간은 걸린다고 한다. 앙카라 시가지를 지나가는 동안 가이드의 안내는 계속된다.

터키는 인구 약 7,000만 명의 이슬람 국가인데, 14세기부터 오스만 제국으로 통치되다가 세계 제1차 대전 때 독일과 연합했다가 붕괴된 후 그리스 군 침략에 대항하여 독립 전쟁을 치르고, 1923년에 현재의 터키 공화국이 수립되었고, 이 때 수도를 앙카라로 옮겼다고 한다.

독립 전쟁의 영웅이며 터키 공화국의 초대 대통령인 무스타파 케말 얘기는 일행의 귀를 더욱 기울이게 한다. 1차 세계 대전 후 그리스의 침략으로부터 터키를 구한 승전(勝戰)의 영웅이면서 근대의 터키 공화국을 탄생시킨 이 나라의 국부(國父)로서 온 국민의 존경과 숭배를 독점하고 있는 인물이 무스타파 케말인데, 미국 타임지에서 뽑은 20세기 최고의 위인(偉人)이라는 것이다. 1938년에 사망하여 그 무덤은 영묘(靈墓)라는 뜻의 '아타투르크'라는 성역(聖域)에 모셔졌는데, 그 카리스마가 얼마나 대단한지, 담배 천국이라 할 정도로 흡연을 즐기는 터키인들이 그의 묘역에서는 흡연이나 고성방가를 삼가는 것은 물론이고, 이를 어기는 무례인이 있다면 그 사람은 국민들 스스로가 용서하지 않는다는 것이다.

그 묘소 옆 도로를 지나면서 가이드가 열심히 소개하는 말을 듣고 나는 서울의 동작동 현충원을 떠올렸다. 그러나, 우리나라 현대 통치자들 중에 그런 인물이 있었느냐는 자문(自問)에는 허탈한 느낌이 들기도 한다.

버스는 앙카라 시가지를 빠져나와 고속 도로를 달린다. 산과 들이 있고 마을과 양떼들이 풀을 뜯는 목장이 있는가 하면, 자동차 공장도 보인다. 정오쯤에 'ISTANBUL'이라고 적힌 표지판 지점을 지나 시내로 들어선다.

이스탄불에서

이스탄불은 인구 1,800만의 거대한 도시이다. 인구의 98%가 이슬람 신도라는 것이다. 이슬람 고유의 복장인 통두루마기형(型) '히잡'을 입은 사람들이 많은데, 동작이 무디고 더워 보인다.

시가지를 한참 지나니, 마치 미국 샌프란시스코의 금문교처럼 생긴 다리가 저만큼 나타나 시선을 사로잡는다. 강인가 싶은데 강이 아니고 바다라는 것이다. 보스포러스 해협(海峽)이다. 지금까지는 아시아였는데 이 다리를 건너면 유럽이라는 것이다. 터키는 국토가 아시아와 유럽의 양 대륙에 걸쳐 있고, 이 도시도 아시아쪽 이스탄불과 유럽쪽 이스탄불로 나뉘어져 있다는 것이다.

버스는 어느새 1,250*m* 의 긴 다리를 건너서 유럽 땅을 달리고 있다. 축구장이 보인다. 터키인들의 축구에 대한 관심과 저력을 말해주는 거대한 축구 경기장이다. 버스가 멈춘 곳이 이슬람 사원(寺院) 중 가장 유명하다는 블루 모스크(Blue mosk) 사원이다.

블루 모스크 사원과 히포드럼 광장

거대한 돔형 지붕이 중앙에 있고 주위에 작은 돔형 지붕들이 우아하게 배치돼 있는데, 가로 세로 72×64*m* 나 되는 건물의 네 모서리에 40여*m* 정도의 높은 첨탑(尖塔) 4개와 앞 정원의 양쪽 2개 합해서 6개의 첨탑이 하늘을 찌를 듯 공중에 솟아 있어 첫인상부터가 성역(聖域)의 위용이다. 블루 모스크 사원이다.

가이드의 안내를 따라 내부로 들어갔다. 둘레 8*m* 짜리 석재 기둥

4개가 받치고 있는 중앙 돔의 크기는 지름이 23.5*m* 이고, 높이가 43*m* 이다. 카페트가 깔린 홀 바닥의 가로 세로가 53×51*m* 이고, 21,000장의 타일로 붙였고, 280개의 창문이 있는 이 웅대한 건물이 쇳조각은 못 하나도 안 들어간 17세기 초의 건물이라는 데에는 감탄을 하지 않을 수 없었다.

기독교・이슬람교 교회로 사용해 오다가 1935년부터 터키 공화국의 박물관으로 쓰고 있다는 것이다.

이 사원보다는 아류(亞流)이지만 이와 비슷한 사원이 이스탄불 시내 여러 군데 있다고 한다.

이어서 히포드럼 광장으로 갔다. 광장 중앙에 고대 로마 시대 100여년 걸려 건립했다는, 당시 세계 최대 경기장이 있었다는데, 지금은 유물만 일부 남아 있고 주위에는 일반 건물들이 들어차 있다. 말이 광장이지 지금은 광장이란 느낌이 있는 곳은 찾아볼 데가 없다.

3500년 전에 이집트를 정복했을 때 전리품으로 룩소르의 신전에서 가져와 세웠다는, 이스탄불에서 가장 오래된 전승 기념비 오벨리스크를 답사했다. 높이 20*m* 정도의 화강석 탑인데 4면에 이집트 상형 문자가 새겨져 있다.

이 광장에 또 하나의 기념비가 있다. 4세기 경에 그리스와의 전쟁에서 이기고 아폴로 신전에서 전리품으로 가져왔다는 청동제 뱀기둥이다. 3마리의 뱀이 몸을 서로 감아 꼬면서 올라간 형상이다. 뱀의 머리 위에는 커다란 황금 트로피가 있었는데, 그것은 이곳에 오기 전에 분실되었고, 뱀의 머리는 이스탄불 박물관에 하나, 런던 대영박물관에 하나가 있다는 것이다.

다시 발걸음을 옮겨 광장에서 길 하나 건너 있는 톱카프 궁전으로 갔다.

톱카프 궁전

지금은 박물관으로 쓰고 있는 이 궁전은 유럽에서 가장 많은 방문객이 다녀가는 중요한 유적이다. 15세기말에 지어져 5*m* 높이의 성벽으로 둘러싸인 궁전의 역내(域內)가 약 21만 평으로 로마에 있는 바티칸 궁전의 2배가 된다고 한다.

내부의 방과 전시 유물들을 둘러보았다. 궁전의 주방과 주방기기, 도자기, 술탄(임금)의 의상 · 갑옷 · 창 · 칼 · 옥좌 등과 다이아몬드로 장식된 황금 촛대, 86캐럿에 46개의 작은 다이아몬드를 두른 스픈메이커스 다이아몬드 등을 관람했다.

이 궁전에서 가장 귀중한 유물들이 전시되어 있다는 종교관엘 들어갔다. 여기에는 모하매드(이슬람교 교주)의 망토 · 칼 · 활 · 이빨 · 수염 · 발자국 등이 전시되어 있다.

전시실마다 귀중한 유물들이 많이 전시되어 있지만, 여행 일정에 쫓겨 주마간산(走馬看山) 격으로 보고는 궁전을 나왔다.

재래시장을 보여 준다기에 4천 개 이상의 상점들이 들어 있다는 '지붕이 있는 시장'이란 뜻의 재래시장 그랜드 바자르를 둘러보았다. 중앙 통로 양쪽으로 여러 갈래 시장통로가 '王'자형으로 널찍하고 크게 형성되었고, 여유가 있을 정도로 큰 점포마다 상품들이 가득가득 진열돼 있는 거대한 시장이다. 쇼핑을 하면서 시장을 둘러보고 나서 저녁 식사를 위해 식당엘 갔다.

터키인이 운영하는 식당인데도 한식 식당이라 오랜만에 한식을 맛있게 먹고 호텔로 향했다. 이번 여행의 호텔 숙박은 마지막 밤이다. 내일 1박은 비행기 기내에서 보내기 때문이다.

보스포러스 해협 유람선 관광

<4월 8일 (화)>

조식 후 전세 버스로 카바타시라는 항구로 간다. 도착하여 버스에서 내리니 시퍼런 바닷물이 넘실대는 부두이다. 유람선 한 척이 대기해 있다.

우리 관광단 일행은 선실 객석으로 들어가 자리를 잡았다. 시원한 바닷바람과 탁 트인 바다와 하늘이 우리를 객실에만 앉아 있게 두질 않는다. '야! 이렇게 좋은 데를 왔구나.' 하는 감흥과 충동에 저절로 발길이 갑판을 향한다.

어느새 유람선은 하얀 물보라를 이끌고 바다 가운데에 들어와 물결을 가르고 있다. 갈매기 떼가 마치 공중 쇼를 보이듯 유람선 앞에서 군무(群舞)를 한다.

가이드가 오늘은 축복 받은 날씨라면서 이 보스포러스 해협에서 이렇게 좋은 날씨는 드물다고 한다. 바다와 하늘이 진한 쪽빛으로 어우러져 티 하나 없이 맑은 날씨에 해협 양안(兩岸)에 별장 같은 집들과 요트들, 지나다니는 대형 크루즈 유람선들이 펼치는 해상(海上) 풍경들이 별천지에 온 기분이다.

이 보스포러스 해협은 흑해에서 지중해 쪽 마르마르해로 나기는 바다이다. 아시아쪽 이스탄불과 유럽 쪽 이스탄불 사이에 있는 해역(海域)이다. 교각간의 거리가 먼 사장교(斜張橋)가 드문드문 양안에 걸쳐져 있어 유람의 정취를 더해 준다.

갑판 위에서 사진도 찍고 하면서 이국(異國)의 바다 풍경에 취해 있는 동안 유람선은 다른 선착장에 정선한다. 유람선에서 내려 축구 경기장 앞에서 대기하고 있는 버스에 올라 이동한다. 성 소피아 성당으로 간다는 것이다.

성 소피아 성당

성당에 도착해 보니 돔형 지붕의 4귀퉁이에 하늘을 찌를 듯한 높은 첨탑(尖塔)이 하나씩 서 있는 위용의 웅대함이 어제 본 블루 모스크와 비슷한, 이슬람 특유의 건축물이다.

1500년 전에 목조로 건축되었던 건물이 불타고 다시 지은 건물도 파괴됐던 것을 6세기에 다시 석조(石造)로 건립했다는 사원이다. 처음엔 기독교 교회로, 다음엔 이슬람 사원으로 쓰이다가 터키 공화국 수립 이후 현재까지 박물관으로 쓰이고 있다.

높이 55*m* 인 타원형 돔의 동서 남북의 길이가 31×35*m* 이고, 건물 평면의 가로 세로가 75×70*m* 인 웅대한 석조 건물이다. 회랑(回廊)으로 둘러 있는 2층 복도에는 예수와 성모 마리아 상, 술탄과 그 신하들의 상들이 모자이크 그림으로 전시돼 있고, 돔 중앙의 천장에는 예수의 대형 모자이크 상이 금색으로 그려져 있다.

성당에서 나와 부근에 있는 터키탕을 가 본다기에 은근히 호기심을 가지고 들어가 보았다. 1556년에 건립했다는데, 지금은 목욕탕으로는 쓰지 않고, 터키 특유의 고급 카페트 전시실 겸 매장(賣場)으로 되어 있다. 내부는 양질의 대리석으로 바닥과 벽이 장식돼 있고, 물만 없다 뿐이지 당시는 호화로운 목욕탕이었을 거라는 생각이 들었다.

귀국길

오후 2시(현지 시각)쯤에 버스에 올라 이스탄불 공항을 향해 출발했다. 귀국길에 오르기 위해서다. 30분 채 안 걸려 공항에 도착했다.

출국 수속을 하고 나서 면세점에 들러 쇼핑을 하면서 시간을 보내다가 기내에 탑승했다. 비행기는 오후 5시에 활주로를 이륙했다. 카타르 도하 공항으로 가는 것이다. 비행기는 공항 활주로를 박차듯이 날아 오르는데, 공중에서 내려다보이는 이스탄불의 전경이 인상적으로 시야에 들어온다. 오늘 오전에 유람선 관광을 즐겼던 보스포러스 해협이 검푸른 쪽빛을 띠고 저 멀리 가물가물하게 보인다. 진쪽빛 바닷물의 바탕색 위에 작은 섬들이 떠 있고, 육지에는 빽빽이 밀집한 건물들이 활짝 개인 하늘 아래 거대한 광폭(廣幅)의 그림으로 펼쳐진다. 이 새로운 풍광에 눈이 사로잡혀 있는 동안 비행기는 어느새 고도를 잡아 구름 위에 와 있다.

내려다보이는 풍경은 끝 없이 펼쳐지는, 한 폭의 거대한 산수화다. 높고 낮은 산봉우리들이 주름주름 연결돼 있고, 그 사이사이로 많은 골짜기가 이루어져 있다. 이따금씩 골짜기에 무슨 흰 박스(box)를 흩어 놓은 것처럼 보이는 부분도 있다. 마을이나 지방 소도시(小都市)일 것이다. 호수인지 저수지인지 파란 수면의 가장자리에 무슨 선(線)을 둘러 놓은 듯이 보이는 곳도 있다. 마치 솜털을 발기발기 뜯어서 그냥 흩뿌려 놓은 듯이 보이는 구름떼가 무더기 무더기 저만치 아래에서 떠 가고 있다.

내가 타고 있는 이 비행기 주위나 위에는 해와 햇빛 말고는 아무 것도 없다. 저 아래에는 목화솜 같은 구름만 깔려 있고, 수정 같이 해맑은 햇빛만 눈이 부실 뿐, 그 외는 아무 것도 없다. 끝 없이 펼쳐지는 운원(雲原)의 한복판에서 저 멀리 운평선(雲平線) 원둘레를 바라보면서 나는 일견천국(一見天國)을 지나가고 있다.

여기서 나는 위스키 한 잔을 반주(飯酒)로 하여 기내식을 먹고 있다. 기분이 괜찮다,

얼마만큼 어디까지 날아왔는지 저 아래엔 바다만 보인다. 석양(夕陽)이 비행기 날개에 내려와 앉더니 얼마 후 하늘도 바다도 황혼(黃昏)으로 일색(一色)이 되고, 비행기 날개 끝에는 점멸등이 깜박인다.

깜깜한 밤이다. 카타르의 하늘인 듯싶다. 비행기가 고도를 낮추는 것 같다. 저 밑에 전등불빛이 눈에 들어온다. 도하 공항이다. 이스탄불에서 도하까지 3시간 이상 걸렸다. 비행기가 활주로에 착륙했다.

일본 오사까로 가기 위해 도하 공항에서 대기한다. 밤 0시 45분에 이륙하는 비행기를 타기 위해 4시간 이상을 도하 공항에서 기다려야 한다. 시간이 너무 지루하다. 공항 로비에 자리를 잡아 놓고는 공항 구내에 있는 면세점에 들려서 쇼핑도 하고, 2층 식당에 올라가 생수도 사고 하면서 시간을 보냈다. 공항 구내는 엄청나게 크고 넓은데, 물이 귀하고 물값도 비싸다.

어느새 탑승 시간이 됐다. 안내에 따라 비행기에 올라 밤 0시 50분(한국 시간 아침 7시쯤)에 이륙했다.

비행기는 고도를 잡고 거침없이 날고 있다. 위스키 한 잔을 곁들여 기내식을 맛 있게 먹고 기내 숙박에 들어갔다. 자다 깨다를 반복하는 동안에 비행기는 마침내 일본 오사까 하늘을 날고 있다. 11시간 이상을 비행한 것이다. 시간은 오후 5시 반쯤인데도 구름 끼고 흐려서인지 어둑어둑하니 마치 저녁 날씨 같다. 착륙하여 기내에서 약 1시간 정도 쉬면서 시간을 보낸 후 다시 이륙하여 인천 공항을 향해 날아 오른다.

비가 내리고 하늘이 컴컴하더니 천둥 번개가 무섭게 요란하다. 번갯불이 비행기 날개에 번쩍 부딪칠 때는 불안한 생각이 들기도 한다. 비행기가 비구름을 뚫고 날아 올라 고도를 잡으니 여우비가 지나간 뒤의 하늘처럼 말끔히 개어 티 없이 맑다. 여기가 구름 층 위의 상공이다. 졸지에 나타난 석양빛의 조명을 받으니 또 한 번 접해보는 고공 하늘의 황홀경에 감탄이 저절로 나온다.

비행기가 인천 가까이 날고 있다고 기내 네비게이션이 표시해 준다. 어느새 고도를 낮추니 바다 선박의 불빛이 아득히 가물거린다. 점점 불빛이 가까이 보이면서 지상의 야경이 시야에 또렷하다. 기내에는 누가 뭐라고 시킨 바도 없지만 숨소리마저 죽이고 조용하기만 하다. 이윽고 랜딩의 미동(微動)이 느껴진다. 드디어 착륙했다. 나도 모르게 안도의 심호흡이 나온다.

<2008, 가을·겨울호 「醴泉文學」에 게재>

카나다 동남부 · 미국 북동부 기행

<2010년 6월 12일>

인천 공항 → 워싱턴

인천 공항에서 인척 · 지인 20여명이 오후 7시발 미국 워싱턴행 비행기에 탑승했다. 비행기는 어둠이 내린 활주로를 이륙하여 캄캄한 밤하늘에 솟구쳐 오른다. 가까이 보이던 지상의 전등불빛 조명이 점점 멀어져 깜박이는 별처럼 작아지더니 기내에는 엔진 소리만 남아 있고 비행기는 깜깜 칠흑 하늘을 날고 있다.

기내에서 스튜어디스 아가씨들이 배식하는 기내식을 위스키 한 잔을 반주(飯酒)로 하여 맛 있게 먹고, 이어폰을 꽂고 음악을 들으며 자는 둥 마는 둥 하며 날짜 변경선을 언제 넘었는지, 시차(時差)가 어떤지도 느끼지 못하는 사이에 비행기는 워싱턴 공항에 착륙했다. 밤은 공중 기내에서 지새우고 워싱턴 땅에 내리니 오전 9시경이 되었다.

워싱턴 → 카나다 토론토 [2일째]

— 나이아가라 폭포 —

현지 가이드의 전세 버스에 올라 바로 카나다 토론토로 향했다. 산이나 고갯길이 없는 고속 도로를 차는 곧장 달려 호기심만 채우고 몇 시간쯤 지났는가 싶을 때 가이드의 말에 따라 차에서 내려보니 나이아가라 폭포 앞이다.

가까운 언덕 난간에 기대어 바로 앞에서 보는 폭포는 너무도 장엄하고 신비로움까지 느껴져 입이 쩍 벌어져 다물려지지 않는다. 강물인지 호숫물인지는 모르지만, 유수(流水) 전부를 한꺼번에 쏟아내리는 폭수(瀑水)와 진동하는 폭성(瀑聲)에 가랑비 같은 물보라까지 날려와 관광객들의 옷을 축인다. 국민(초등)학교 때 「사회 생활」 교과서에 '세계 제일'의 대상을 배울 때 폭포는 미국의 나이아가라가 세계 제일인 줄 알았었는데, 여기 와서 가이드한테 확인한답시고 물어보니, 이보다 더 큰 폭포가 있다는 것이다. 어디냐고 물었더니, 아프리카 짐바브웨에 있는 빅토리아 폭포와 남미(南美) 아르헨티나에 있는 이과수 폭포라고 한다.

폭포 근접 연안 구역에 내려가니 관리 직원이 인원수 파악과 동시에 우의(雨衣)를 나눠 주며 나룻배 같은 배에 타라는 것이다. 일행이 동력선 배에 올라 폭류(瀑流) 최단거리 폭수(瀑水) 속으로 들어간다. 승선객 일행은 폭수 물벼락을 맞으며 비명 아닌 고함 탄성(歎聲)을 지르며 흥분한다. 물벼락 흥분의 도가니에서 배가 전후진을 몇 번 한 후 뒤로 빼는 순간 어느새 무지개 하나가 공중에 걸려 있다.

폭포는 대폭(大瀑)의 본류와 소폭(小瀑)의 지류로 대장관(大莊觀)을 이뤄 요란하게 쏟아 내린다. 거대한 낙수 폭성(落水 瀑聲)에 귀가 먹먹하고 눈이 별천지에 온 것 같이 황홀하다. 쏟아 내린 물은 바로 한 순간에 세인트로렌스 강의 원류(源流)가 되어, 유로(流路)를 잡아 조용히 흐른다. 대폭은 카나다령이고 소폭은 미국령인데, 떨어진 낙수는 하나가 되어 흐르는 그 강이 두 나라의 국경이다.

나이아가라 폭포

신천지(新天地) 개벽하여 땅덩어리 생겨날 때
요동쳐 갈라진 곳 오대호(五大湖) 되어 있고
쏟는 물 나이아가라 억만 세월 흐르네.

폭포는 강폭째로 강물 몽땅 쏟아붓고
물보라 솟구쳐서 용트림은 겁을 주니
신비경(神秘境) 극치에 올라 말문 막는 대장관(大壯觀).

언덕 하나 사이 두고 흐름은 두 폭으로
영유권 달리하는 두 나라 이해타산
폭수(瀑水)는 떨어지는 순간 하나되어 흐르네.

혼돈(混沌) 후 찾은 안정(安靜) 폭포의 섭리(攝理)인가
세차게도 쏟은 폭수(瀑水) 마음 비운 강심(江心)으로
강물은 바다를 향해 유유히도 흐르네.

주변 관광을 하면서 차도 마시고 휴식을 한 후 폭포 근린 호텔에 투숙하여 여장을 풀었다.

괜히 설레는 기분에 술도 마시고 하다가 잠을 좀 자고 아침에 호텔 근처 언덕에 나가 산책을 하면서 나이아가라 폭포를 내려다보니 어제 본 폭포와는 느낌이 또 다르다. 폭포로 쏟아지는 물을 위에서 내려다보고, 상류를 바라다보니 아득히 멀리서 흘러 들어오는 유수(流水)가 너무나도 광막(廣漠)하여 강인지 호수인지 분간(分揀)이 안

된다. 아마 오대호 중 어느 호숫물일 것이라 생각되기도 한다.

토론토 → 오타와 · 몬트리올 · 퀘벡 [3일째]

호텔 식당에서 카나다 양식(洋食)으로 아침 식사를 하고 전세 버스에 올라 오타와로 향해 간다. 세인트로렌스 강안(江岸)을 따라 버스는 고속 도로를 달린다. 강변 따라 명소도 구경하고 유람선 체험 놀이도 하면서 어느새 오타와에 도착했다.

가이드의 안내로 버스에서 내렸다. 오타와는 카나다의 수도(首都)이다. 정부 청사와 국회의사당이 있고 관공서와 주요 건물들이 즐비한, 계획성 있게 짜여진 도시인데 과거에 영국의 식민 시대의 영향으로 영국풍의 건물들이 많다는 것이다. 시가지 관광을 하다가 광장 공원 벤치에 모여 앉아 커피를 마시며 일행들은 카나다 땅 이국정취(異國情趣)를 환담하며 휴식을 취했다.

다시 버스를 타고 다음 행선지로 간다. 몬트리올로 가는 것이다. 몬트리올은 지난 어느 해 올림픽 개최 도시여서 귀에 익은 도시명이다. 몬트리올은 카나다 최대 도시라는 것이다. 도착해서 시가지를 관광하다 보니 건물이나 시가지가 올림픽 잔치를 치른 도시답게 수준 있는 모습들로 보였다. 세인트로렌스 강변에서 커피, 음료수를 마시며, 강 건너편 멀지 않게 바라다보이는 미국 땅 도시 얘기를 나누면서 잠시 휴식 시간을 가진 후 다시 버스에 올랐다.

퀘벡으로 가는 것이다. 도중에서 유람선으로 세인트로렌스 강의 명승지 섬을 관광하고, 다시 버스에 올라 퀘벡에 도착했다. 퀘벡은 과거 카나다령 프랑스 식민지였던 도시여서 시가지가 프랑스풍으로 조성되었고, 언어도 영어와 프랑스어가 함께 공용어로 쓰이고 있다고 한다. 시가지 관광을 하고 나서 호텔로 들어가 여장을 풀었다.

퀘벡 → 미국 보스턴 · 케임브리지 · 뉴욕

[4일째]

— 하버드 대학 · MIT 공대 견학 방문 —

아침에 일어나 호텔 레스토랑에서 아침 식사를 마친 후 다시 버스에 올라, 오늘은 미국 동부 지역 관광으로 들어가는 것이다. 버스는 한참 달리다가 입국 톨게이트에서 멈췄다. 입국 검문소다. 차에서 내려 가방과 소지품을 철저히 검사한 후 입국을 시킨다. 메사추세스주의 보스턴으로 달린다. 높은 산도 보이지 않고, 도로 좌우에 야트막한 언덕만 나타나는 평지 고속 도로를 몇 시간쯤인가 달린 후 보스턴에 도착했다.

보스턴은 '미국의 아테네'라고 불리는 문화의 중심지로 수 · 륙 · 공 교통의 중심 도시라고 한다.

찰스강을 건너 보스턴과 마주보는 대학 도시 케임브리지로 갔다. 하버드대학 관광이다. 정문에 들어서니 대학 건물들이 우거진 거목의 숲 속에 드문드문 들어선 풍경이 유서 깊은 느낌은 자아내는데, 우리나라 서울의 대학들처럼 건물의 웅장함, 화려함 같은 풍모는 느껴지지 않는다. 세계 최고 · 최대 대학이니 외형보다 내실(內實)로 글로벌 톱(global top)을 차지한 게 아닌가 생각된다. 캠퍼스의 규모는 말할 것도 없고 대학의 1년 예산이 한화로 150조원이 넘는다고 하니 웬만한 약소국의 국가 예산보다 많다.

[스텐퍼드 대학 설립자가 하버드 대학에 거액의 기부 의사를 밝혔을 때, 하버드 대학에서는 양명(揚名)·생색(生色) 목적의 기부는 받지 않는다며 정중히 거절하였는데, 기부를 거절당한 자(者)는 오기(傲氣)로 "그만한 거액이면 차라리 내가 대학을 하나 세우면 될 게 아냐!"고 작심하여 설립한 대학이 지금 미국에 있는 세계 1류급의 스텐퍼드 대학이라는 일화가 있기도 하다.]

관광단 일행은 가이드의 안내로 강의실에도 들어가 학생 의자에 앉아 "야! 모두 하버드 대학생이 되었네." 하며 농담도 나누었다.

대학의 가든(garden) 한 켠에 대학 설립자인 하버드 존의 동상이 의자에 앉은 반좌상으로 세워져 있는데, '동상의 손발등을 쓰다듬어 만지면 자손에 수재(秀才)가 난다.'는 속설(俗說)로 하여 방문자마다 만져서 동상의 손발등이 반질반질하게 닳아서 윤이 난다. 내 집사람도 남들이 하는 대로 따라 만지며 웃었다. 일행이 정문을 나오다가 뒤돌아보며 "우리 모두 지금 하버드 대학을 나왔으니 다들 하버드 출신이네." 며 농담도 하고 웃었다.

정문 바로 앞에 있는 기념품 매장에 들러 다양하게 진열돼 있는 상품들을 돌아보다가 손자 손녀들에게 줄 선물로 'HARVARD'라는 영문자가 찍힌 T셔츠와 기념품 몇 가지를 샀다.

다음은 MIT 공대를 찾아갔다. 이 대학은 하버드 대학과는 풍광이 좀 다르다. 건물이 웅장한데다 외벽이 흰색이어서 우아하게 보이며 더욱 아카데믹(academic)한 느낌을 준다.

찰스강에 연접(沿接)해 있어서 강의 다리를 걸어서 건너는데, 건너면 보스턴이다. 시내를 관광하고 버스에 올라 뉴욕으로 향했다.

뉴욕에 도착하니 하루가 다 지나 저녁이다. 어딘가에 버스를 세워서 내리라기에 내리니 수면에 시가지 불빛이 비춰 찬란히 반짝이는 밤의 강변이다. 허드슨 강이다. 건너편엔 밤하늘에 조명되어 환하게 공중에 드러난 엠파이어 스테이트 빌딩의 상층부가 아득히 멀리 보인다. 버스를 타고 숙소 호텔로 가서 피로에 쌓인 몸으로 1박을 하였다.

뉴욕에서 [5일째]

아침에 일어나 호텔 주위 산책으로 심기를 맑게 한 후 호텔 레스토랑에서 식사를 마치고 버스에 올라 차 안에서 시가지를 관광하며 U.N 본부 앞에 도착하여 내렸다. U.N 본부 빌딩을 쳐다보니 T.V 화면에서 본 모습 그대로다. 저 윗층 사무총장 집무실에 반기문 총장이 전세계 나라에 대한 국제경찰 업무 수행에 집념(執念)하는 모습을 상상하며 고개 젖혀 쳐다보고 잠시 주위 관광을 하였다.

다시 버스를 타고 뉴욕의 상징 건물인 엠파이어 스테이트(Empire state) 빌딩 옆에 있는 식당에서 점심 식사를 한 후 엠파이어 스테이트 빌딩 내부 관광을 하였다. 1층부터 저층 몇 개 층만 둘러보고 엘리베이터로 86층 전망대로 올라갔다. 102층까지 있지만 관광객들에겐 전망대까지만 개방돼 있다. 전망대는 한 바퀴를 돌면서 사방을 전망할 수 있어서 뉴욕 시가지가 한 눈에 조망(眺望)된다. 시가지는 길은 좁게 보이고 마천루(摩天樓) 빌딩만 조밀(稠密)하게 임립(林立)해 있다. 저만큼 허드슨강과 이스트강이 도도히 흘러 대서양으로 유입(流入)하는 하류 수역은 아득히 바라다보이는 바다이다.

내려와서 버스를 타고 시가지를 돌면서 9 · 11 테러로 붕괴된 쌍둥이 무역센터 앞을 지나간다. 당시 테러 광경을 떠올리며 모두가 마음 아프게 안타까워했다. 복구 재건축을 하고는 있는데 4, 5층 정도만 올라가 있다. '성벽(城壁 : wall)'이란 뜻으로 유래된 거리 월 스트리트를 지나 맨해튼 거리를 관광하고, 강 유람선 관광을 위해 접안(接岸) 부두로 갔다. 접안해 기다리고 있는 유람선에 올라 배는 움직여 바다 같은 강에서 유람을 한다. 엠파이어 빌딩 전망대에서 내려다보는 조망과는 반대로 유람선 갑판에서 올려다보는 빌딩 숲의 도시 모습은 또 다른 감흥을 일으킨다. 하류 언덕에 자리하고 우뚝히 서 있는 '자유의 여신'상 앞을 지난다. 이 여신상은 그리스의 아크로폴리스 언덕 위 파르테논 신전 앞에 있는, 원조(元祖) '자유의 여신'상을 확대 제작하여 세운, 전세계 자유의 상징 조형물(造形物)이다. 높이 48m 정도의 백색 여신의 전신상(全身像)으로 전세계에 널리 알려진 명소(名所) 명물(名物)이다. 여신상 앞의 강물은 대서양과의 접속 수역이라 바다 같이 망막(茫漠)한데 유람선은 둥실둥실 둥실대며 저만치 아득하게 보이는 섬 하나를 감돌아 다시 출항했던 선착장으로 향한다. 선착장에 접안하여 유람선에서 내렸다.

뉴욕 → 워싱턴

다시 버스를 타고 워싱턴으로 향한다.

워싱턴에 도착하였다. 워싱턴은 미국의 수도(首都)이다. 미국이 13개 주였을 때 필라델피아였던 수도를 1790년 독립 당시 초대 대통령 조지 워싱턴이 이곳으로 옮겼었는데, 여기가 워싱턴 DC이다.

버스는 대통령 관저인 백악관(白堊館) 가까운 주차장에 세웠다. 백악관에 들어가진 못하고 정문 밖에서 바라보기만 하고 거기서 저만큼 멀리 바라보이는 국회의사당 쪽으로 걸어서 발걸음을 옮겼다. 국회의사당 앞 넓은 잔디 광장에서 사진도 찍고 휴식도 취하다가 다시 포토맥강변에 자리한 링컨 기념관을 향해 발걸음을 옮긴다. 도중에 포토맥강변에 한국 6·25 참전 기념 미군 조형상(造形像)의 전시장이 강변 노천에 조성돼 있다. 무장한 군복 모습 그대로 전시된 입상(立像)들을 둘러보고, 진심으로 우방(友邦) 미국의 고마움을 다시금 느끼기도 했다.

저만치 강쪽을 향해 웅대하게 보이는 링컨 기념관으로 옮긴다. 도시를 관통하여 대서양으로 흐르는 포토맥강은 워싱턴 수운(水運)의 일익(一翼)을 담당한다는 것이다.

앞 광장을 지나 계단을 오르고 기념관 홀(hall)에 들어서니 한가운데 링컨의 의자에 앉은 모습의 좌상(坐像)이 위엄 있게 안치(安置)돼 있다. 사진에서 낯익은 링컨의 상(像)이라 위엄보다는 오히려 덕성스럽게 보여 편안한 느낌을 주고 존경심을 자아낸다.

학창 때 영어 선생님의 숙제로 외웠던 링컨의 유명한 '게티즈버그 연설문'이 떠오른다.

> "The government of the people, by the people, for the people shall not perish from the earth."

광장에 나와 기념 사진도 찍고 포토맥강 유수면(流水面)을 바라보며 환담을 나누다가 버스를 타고 식당을 향한다. 식당에 들어가 미국 양식으로 저녁 식사를 마치고 시가지 관광을 하다가 공항으로 향했다. 조지 워싱턴 공항에 도착하였다. 출국 수속을 거쳐 출국장으로 들어갔다. 출국장 로비에서 면세점 쇼핑을 하면서 시간을 보내다가 인천행 비행기에 탑승했다. 잠시 후 밤 공항의 가로등 불빛 사이로 활주로를 최고속으로, 미끄러지듯 활주하여 비행기는 이륙했다. 하늘은 어두워 별빛만 보이는 밤하늘에 엔진 소리만 들린다. 기내식을 와인을 곁들여 맛 있게 먹은 후 잠을 청하여 기내 숙박을 하고 있는 중 비몽사몽간(非夢似夢間)에 하늘이 훤하게 밝아오더니 인천공항이다. 비행기는 고도를 낮추고 낮추더니 활주로에 안착했다. 아침 8시가 넘었다.

동남아 기행

— 싱가포르 · 인도네시아 —

1일째 < 인천 → 싱가포르 >

친인척 남녀 24명으로 구성된 여행단 일행이 2013. 10. 31. 인천공항 출국 게이트에서 오후 6시 10분 무렵에 대한항공 비행기에 탑승하여 싱가포르 공항을 향해 이륙하였다. 나는 비행기 왼편 중간쯤의 창가에 자리를 잡고 앉아서 밖을 내다볼 수가 있었다.

저녁 어둠이 깔린지라 지상의 전등불빛 야경이 점점 아득히 멀어지더니 별빛처럼 작게 보이던 불빛도 사라지고 아무것도 보이지 않는 깜깜 칠흑 하늘에 비행기 날개 끝에 켜진 자그만 등불 하나만 우리와 함께 가고 있다. 충남 태안반도쯤을 지난 것 같다.

기내 좌석 등받이에 있는 영상 모니터에 나오는 항공정보 지도를 보니까 비행기가 대만 동쪽을 지나고 있다. 기내는 엔진 소리뿐이고 나는 그냥 비몽사몽간인데 기내식이 나왔다. 비빔밥을 말하기에 달라고 하여 받았다. 기내에서 비빔밥은 처음이라 택했는데 와인 한 잔 청해서 반주로 하여 먹는 기내 비빔밥은 기대 이상으로 맛이 좋았다.

모니터에 항로(航路)를 보니 말레이시아 동쪽 바다 위를 날고 있다. 착륙 준비 방송이 나오고 나서 어둠 속에 밖을 보니 지상의 불빛이 아득히 보인다. 싱가포르다. 비행기는 고도를 낮추고 낮추고 하여 창이국제공항에 착륙하였다. 인천공항에서 약 6시간쯤 걸렸고 서울과 시차는 딱 한 시간이다.

입국 수속을 마치고 출구에 나가니 한국인 여자 현지 가이드가 전용 버스를 대 놓고 기다리고 있었다. 버스엔 우리 일행 여행단만 타고 가이드의 안내를 받으면서 이동한다. 싱가포르의 면적은 우리나라 서울 정도 크기이고, 인구는 약 500만명인데 중국인이 74%이고 말레이시아인이 20% 정도에 다음으로 인도인이 많고 기타 민족들이 살고 있다. 적도선이 지나는 열대 지방으로 최고 기온 40℃이고 스콜이 있는 열대성 기후이다. 뉴욕 맨해튼 같이 빌딩 밀집 도시로 농사와 자원은 없고 전부를 수입에 의존하여 무역과 유통 산업으로 고도 성장을 이루어 국민 총생산(GNP) 5만 8천불로 세계적 부국이 되어 있으면서 담배와 껌은 아예 없는 나라이다. 버스는 새벽의 시가지를 달려서 차이나타운에 있는 호텔에 내려 주었다. 옥키드(Occhid) 호텔이다. 여장을 풀고 새벽 시간이 남아 있어서 잠을 좀 붙였다.

2일째

호텔에서 아침 식사를 한 후 리틀인디아 · 아랍스트리트 · 오차드로드 등 시가지 버스 투어를 하면서 싱가포르 최고 명품 마리나 베이 센츠 호텔 인근 유원지에서 25인승 캡슐 여러 대가 주렁주렁 수직으로 매달린 대원형(大圓形) 회전 전망대 플라이어(flier)에 탑승하였다. 이 플라이어는 지름 70여m의 세계 최고 최대의 회전 전망대로 싱가포르의 관광 명물이라고 한다. 캡슐에서 내려다보니 고층 빌딩이 밀집된 싱가포르의 시가지가 한 눈에 들어온다.

점심 식사는 카레 음식이 주메뉴인 인도식 뷔페 식당에서 인도 음식으로 이국의 취향을 만끽하고 다음으로 들른 곳이 식물원이다.

가든 바이 더 배이(Garden by the bay)라는 아주 광대한 식물원이다. 초입에 들어서자 가이드가 특별히 소개한 나무가 있었다. 바우밥나무라는 것이다. 누구나 처음 보는 진기(珍奇)한 나무인데, 줄기는 밑둥에서부터 둥시름하니 배가 부르고 위로 올라가면서 점점 가늘게 작아져서 둥그스름 길쭉하니 항아리 모양이고, 가지는 없으면서 줄기 끝에 초라할 정도의 잎을 달고 있다. T.V에서 본 기억으로는 아프리카 동남부 마다가스카르 섬에만 있는 걸로 아는데, '여기서도 보게 되는구나.' 하는 호기심에 더 유심히 보았다. T. V에서 본 아프리카 바우밥나무보다는 작기도 하지만, 몇 그루 정도밖에 없었다.

이름 모를 열대 식물들이 우리 여행단의 눈을 사로잡는데, 설명이 되지 않는 이상한 것이 하나 있었다. 우리 한국에 많이 있는 맨드라미가 꽃을 피운 채 한 부분을 차지하고 있으면서 우리의 발걸음을 멈추게 한다. 아마도 이상하게만 보였다.

수십만 평이나 됨 직한 그 광대한 식물원이 하나의 돔(dome) 형의 유리 지붕으로 돼 있고 돔 안의 실내 온도도 태양열 에너지 시스템으로 조절한다는 것이다.

돔 밖 다른 영역에는 기화요초(琪花瑤草)로 단장된 동산이 있고 동산 한 쪽편엔 폭포수가 떨어지면서 장관을 이루고 있었다. 밖에서는 산봉우리로 보였었는데, 내부에 계단을 타고 올라가 보니 산이 아니고 콘크리트 축조의 인공 조형물이다. 안에는 엘리베이터도 설치되어 있었다.

식물원 수십만 평의 지역이 아까 오전에 회전 전망대 플라이어에서 한 눈에 내려다봤던 해변 육지인데, 전부 바다를 메워서 만든 매립지 땅이라는 것이다. 국토 면적이 좁은 이 나라가 땅덩어리 넓히기에 얼마나 심혈을 기울이고 있나를 알 수 있다.

시내에 있는 중국 사원을 들러 관광하고 식당에서 청국장 찌개 한식으로 저녁 식사를 즐긴 후 호텔에 들어갔다.

3일째

호텔에서 아침 식사를 하고 가방을 챙겨서 버스에 다 싣고 주롱새 공원엘 갔다. 공원이라지만 숲이 잘 조성돼 있는 동네 근린공원 같은 느낌인데, 볼거리로는 「새들의 쇼」와 홍학들이 있었다. 산책을 조금 하다가 공원 숲속의 가든 식당에서 현지식 점심을 먹은 후 싱가포르 서민급 상대의 재래시장을 둘러보았다. 상점들의 밀집 상태나 상품 종류, 시장내 좁은 골목을 꽉 채우고 지나가는 쇼핑객들의 모습은 서울의 동대문 시장을 방불케 한다.

< 싱가포르 → 인도네시아 >

전용 버스는 인도네시아행 여객선 부두에 우리를 내려주었다. 현지 시간 오후 2시쯤에 인도네시아 바탐(bartam) 섬으로 가는 페리(ferry)에 승선했다. 배는 쪽빛 바닷물을 가르며 동쪽으로 가는데, 갑판에서 바라보니 북쪽으로는 아득히 말레이시아 해안의 육지가 가물거리고, 바다 수역에는 대형 화물선과 유조선들이 즐비하게 정박해 떠 있고, 그 중에는 「HYUN DAI」·「HAN JIN」이라고 배 옆구리에 찍어 놓은 영문자도 선명히 보인다. 그 사이로 여객선과 어선들이 물보라를 뒤로 끌면서 지나가고 있다.

시선을 남쪽으로 돌리면 인도네시아 방향인데 떠나올 때는 육지가 안 보이더니 어느새 길게 뻗힌 육지가 보이기 시작한다. 거기가 우리 여행지 바탐섬이다. 싱가포르에서 40여분 걸려 바탐섬 부두에 배를 댄다. 배에서 내려 입국 수속을 하고 나가니 인도네시아인 가이드가 한국어로 "안녕하세요!"라고 인사하며 친절히 맞이해 준다.

가이드는 인도네시아인의 반흑인 피부색에 코밑 수염까지 기른 인도네시아 본토인이다. 우리말을 한국인보다 더 잘 한다. 대기하고 있던 전용 버스에 오르니 마이크를 잡고 부드러운 인상과 호감으로 바탐섬 1박 스케줄과 투숙할 호텔을 소개하는데, 호기심을 불러 일으키려고 호텔엔 모기가 없다는 얘기, 객실 침대 밑에서 도마뱀이 나온다는 둥 너절부리하게 늘어 놓다가 말 끝에 가서 "이부자리 까르르르르." 하며 관능적인 소리를 내니 모두들 돌발적인 폭소가 터져 나온다. '이부자리 까르르르르'는 '최고(best)'라는 뜻의 인도네시아 말이라는 것이다. 한국어를 거침없이 잘하면서도 한국에는 가 본 일이 없다는 둥, 한국어를 독학으로 배웠다는 둥, 자기의 한국어 이름이 '김흥국'이라는 둥 자기소개를 하며 흥미와 분위기를 돋군다. 그러고 보니 피부색이나 코밑 수염을 기른 얼굴 모습이 가수 김흥국 씨를 빼닮았는데, 「호랑나비」 노래도 거침없이 부르는 폼(form)이 영낙없이 우리 가수 김흥국이다. 웬만한 한국인 빰칠 정도로 한국말로 우리 가요를 잘 부르며 한국의 여행객들에게 손색 없이 충족될 가이드라는 인상을 각인시켰다.

낯선 인도네시아 땅에서 웬 경기미 쌀이라고 안내하는 한식당에서 저녁 식사를 하고 40여km 거리에 있는 리조트 호텔을 향해 버스가 달리면서 전깃불이 환하게 켜져 있는 장터와 마을을 차창 밖으로 가이드하며 한국 가요도 연속으로 불러 흥을 고조시키며 버스는 호텔에 도착했다. 바탐 뷰 리조트 호텔이다. 프론트 로비도 넓고 크고 좋은 호텔이다.

4일째

호텔 식당에서 아침 식사를 하고 짐을 완전히 꾸려 호텔 로비에 모였다. 나는 호텔 주위 해변을 거닐어 보았다. 야자 열매를 새둥지처럼 품어 담고 있는 야자나무가 호텔 주위 해변을 숲으로 둘렀고 에메랄드빛의 청정 해수와 잘 조화된 호텔 앞 정경은 그 속에 그냥 빠져들고 싶은 이국 정취를 맛보이고, 뒤편쪽에는 시원하고 물빛 푸른 해수욕장이 펼쳐져 있다. 호텔은 바탐 배이(bartam bay)에서 최고 경치에 자리잡은 별장이다.

하늘은 끝 없는데 검푸른 파도 물결
여기가 어디메냐 싱가포르 인도네시아
바다에 점 하나 떠서 동쪽으로 향하네.

바탐섬 들어와 보니 낯설은 남국 풍경
호텔 앞 아침 해변 알 품은 야자나무
해풍에 몸 맡긴 심신 바랄 것이 더 있으랴.

이 바탐섬은 인도네시아에서 발리 섬 다음으로 꼽히는 관광 명소로 '미니 발리'라 부른다고 한다.

버스로 이동하여 공자묘(孔子廟), 관운장 상, 중국 사원을 둘러보고 바탐섬 원주민 마을로 갔다. 이곳은 원주민만 150집 정도 모여 원주민 특유의 풍습으로 살고 있는 마을인데, 어귀에 들어서니 서너 살 배기의 조그만 여자 아이가 알아듣지 못할 원주민 말로 뭐라 뭐라고 인사를 하는데 관광객 상대로 돈이나 구호품 같은 것을 바라는 구걸처럼 들렸다.

빈민가처럼 보이는 집들의 골목을 지나 가두어 기르는 원숭이와 열대 과일나무들을 보며 언덕을 올라가니 원주민 춤의 공연장이 있다. 공연을 관람하다니까 우리 관객 중 몇 사람을 파트너로 정하여 함께 춤을 추자고 하여 같이 추기도 했다. 돈을 요구하는 뜻이기도 하다. 모두가 달라돈 2, 3불씩을 모금통에 넣어 주었다.

잘 익은 야자를 뚜껑처럼 한 쪽을 잘라내고 속에 가득 고인 야자수 물을 빨대로 빨아 먹어 보고, 속살도 베어내 먹으며 야자 식음 체험도 했다. 언제 왔는지 아이들이 몰려와 몽키바나나를 사라고 애원한다. 맨발로 헐벗은 모습이 마치 우리 한국 6 · 25 당시 미군 주둔지의 어린이들 같기도 하다.

원주민촌 근처 해변의 '아마존 씨 푸드(Amazon sea food)'라는 수상 식당에서 영덕게라고 말했지만 그건 아니고 현지 털게 찜을 주메뉴로 한 안남미 밥으로 점심 식사를 하고 버스에 올라 다시 싱가포르로 가기 위하여 어제 입국했던 부두로 향했다.

< 인도네시아 바탐 → 싱가포르 >

부두에서 출국 수속을 거쳐 시가포르행 페리에 올랐다. 어제 왔던 항로 역방향으로 가게 되니 서쪽을 향해 가는 것이다. 역시 40여분 걸려 싱가포르항 부두로 들어간다. 부두에는 5, 6층 정도의 웅대한 유리창 건물로 된, 길이 100여m, 폭 수십m나 될 법한 수만t 급의 대형 크루즈(cruise)가 정박해 있다. 우리가 탄 페리가 거대한 크루즈선 옆을 지나 입항하는데 우리가 탄 배는 비교가 되어 상대적으로 너무나 작고 초라해 보였다.

배에서 내려 다시 입국 수속을 거쳐 나오니 어제 우리를 배웅해 준 그 가이드가 기다리고 있다. 전용 버스에 올라 싱가포르의 마지막 관광을 나선다. 해양 박물관, 해양 수족관(아쿠아리움), 민속 마을 등이 있다는, 싱가포르의 특별 관광 메카라는 샌토사 섬을 관광한다. '샌토사(SANTOSA)'라는 말은 '평화와 고요의 섬'이라는 뜻의 싱가포르어라는 것이다. 중국, 인도 등 인근 지역 몇 개 나라의 유물들이 진열돼 있는 박물관을 지나 아쿠아리움을 관람했다. 입구에서부터 바닷속 유리 터널을 지나가는 느낌이다. 해양 어족들을 거대한 해양관 안에 다 가져다 놓은 것 같다. 발 밑에서부터 좌우 양 옆으로, 머리 위까지 작은 물고기류, 조개류, 문어류, 고등어, 방어, 돌고래, 상어, 고래, …… 해양 해저의 생태 생물들이 여기 와서 사람들 가까이 눈 앞에서 놀고 있다. 수중 세상을 다 돌아보고 나와서 다음은 걸어서 민속 마을로 옮겼다.

사자 얼굴에 몸은 용으로 보이는 거대한 석조물이 싱가포르를 상징한다며 위용을 뽐내고 서 있다. 민속 마을은 실내 설비로 진열돼 있어 들어와 보니 마을이라기보다 박물관이다. 싱가포르의 민속 자료들을 주마간산격으로 둘러보고 지친 다리로 밖엘 나오니 스콜이 한 줄기 쏟아진다. 곧 바로 케이블카 승강장으로 가서 카에 탑승했다. 샌토사 섬을 한 눈에 내려다보며 케이블카는 섬을 지나 바다 위를 공중에 떠 가고 있다. 7분 정도 걸려서 정유장에 내렸다.

저녁 식사는 샤브샤브 식당에서 쇠고기를 주로한 육류, 열대성 야채류, 소스 양념류 등 푸짐한 식재료를 무한 리필(refill)로 하여 든든히 해결하고 크림류, 음료수류, 커피 등 취향대로 즐긴 후 전용 버스에 올라 싱가포르 국제공항으로 향했다.

공항에서 열대용 하복을 서울 도착시 대비 추동복으로 갈아입고, 가방을 다시 챙겨서 하물로 탁송하고 출국장에 들어갔다. 쇼핑도 하고 맥주도 마시며 게이트 앞에서 환담으로 지루한 시간을 때우고 현지시간 밤 1시 넘어서 기내에 탑승했다.

기내식으로 새벽 식사를 하고 인천 공항에 착륙하니 아침 8시가 지났다.

제3부

수필 · 수상 · 논설

隨筆 · 隨想 · 論說

선(善)의 원형질(原形質)
- 인간 관계 -

<1991. 동대문여자중학교 「교지」에 게재>

옛날 중국 초나라 때 한 아이가 있었는데, 하루는 밖에 나가 놀다가 돌아와 밥도 먹지 않고 수심에 잠겨 있기에, 그 어머니가 연유를 물으니, "제가 오늘 머리가 둘 있는 뱀을 보았는데, 그런 뱀을 보면 죽는다고 했으니 저는 이제 죽습니다" 하고 울면서 대답하는 것이다. "그 뱀이 지금 어디 있느냐?"고 물으니, "이 다음에 다른 사람이 그 뱀을 보면 또 죽을까 봐 두려워 그 뱀을 죽여서 땅에 묻었습니다"고 대답했다. 아들의 선행(善行)에 감탄한 어머니는 "너는 죽지 않는다. 음덕(陰德)을 행한 사람은 하늘이 도와 줄 것이니라"고 격려해 주었고, 이 아이가 자라서 초나라의 명재상(名宰相)이 되었다는 것이다.

자기가 죽게 되는 극한 상황에서도 다른 사람이 죽을까 봐 걱정해 주는 이 아이의 마음이야말로 선(善)의 원형질(原形質)이 아니고 무엇이랴. 이런 선의 원형질은 석가・예수를 비롯한 많은 성현들을 통해서 나타났다고 볼 수 있다. 만약에 이 세상 사람들이 누구나 이 아이와 같은 마음으로 살아갈 수만 있다면—하나의 이상이긴 하지만—경찰서도 교도소도 필요가 없을 것이고, 모든 종교적 가르침도 의미가 없을 것이다.

사람은 누구나 날 때부터 이 선의 원형질을 지니고 있는지 모른다. 그렇다면 여러 경우의 인간 관계에 있어서 이 선의 원형질, 즉, 착한 마음을 바닥에 깔고 있으면 누구와의 사이도 원만하게 될 것이 아니겠는가.

장자(莊子)도 "내가 남에게 악하게 하지 않으면, 남도 나에게 악하게 하지 않는다"고 했으니, 착한 사람에게 나쁜 인간 관계가 있을 수 없는 것이다.

맹자(孟子)의 '어진 사람은 적이 없다(仁者無敵)'를 '착한 사람은 적이 없다(善者無敵)'로 바꾸어 봐도 딱 좋을 것이다.

★ 己所不欲 勿施於人 - 孔子 -

내가 원하지 않는 바[싫어하는 일]를 남에게 시키지 마라.

물

나는 물을 좋아한다. 토끼와 노루가 내려와 마시는 뒷골 샘터의 물이 좋고, 샘물이 바위 틈을 빠져나와 작은 폭포를 만들어 곤두박질하고는, 무엇에 쫓겨 도망이라도 가듯이 쏟아지다가 다시 돌확 웅덩이에 고여 숨돌리고 있다가 또 다시 진달래 뿌리를 간지리며 내리달리는 석계(石溪)의 물이 더욱 좋다.

개울물에서 물장구치고 미역감으며 송사리 잡은 추억은 누구나 다 있겠지만, 나는 돌돌 굴러 흐르는 계곡물에 풀잎 물방아 만들어 놓고 놀던 추억을 떠올린다.

풀 줄기에다 억새풀을 잘라 끼워 만든 물레〔水車〕에다 수로(水路)를 만들어 끌어온 물을 폭포수로 쏟아 흘려 돌리는 물레방아 놀이는 지금 생각해도 재미가 남아 있다. 재미는 그것만이 아니다. 물레방아 상류에다 둑을 막아 댐(dam)을 만들어 풀잎배를 띄우고, 방아깨비, 풍뎅이를 잡아 배에 태워서 방아깨비 사공이 뒷다리로 배를 저어가는 뱃놀이 구경이며, 또 상류로 올라가면서 돌을 뒤지며 바위 틈에 낀 가재를 꺼내다가 손가락을 물린 추억도 좋았다.

여름해가 설핏할 때쯤, 놀이도 시들하고 배도 고프고 하면, 댐 둑을 한 쪽에서부터 튼다. 댐 둑이 터지기 시작하면서 내리 쏟는 물이 마치 축소판 홍수처럼 휩쓸고 내려가는 광경이 또한 물놀이의 절정이다. 댐 밑에 만들어 두었던 물레방아며, 꽂아 놓은 나뭇가지며 할 것 없이 모조리 다 휩쓸어버린다. 모여 놀던 친구들은 이런 광경에서 쾌감이라도 느끼는 듯 환호성을 질러댄다. 터지다 남은 댐 둑만 홍수 지나간 자리처럼 남아 있고, 물레방아나 모래성은 흔적도 없이 사라졌다. 그제서야 아이들은 고무신에 가득 담긴 모래를 털어 신고

골짜기를 내려온다.

☆ ☆ ☆

나는 계곡의 물을 좋아한다. 계곡의 물은 맑고 깨끗해서 좋다. 저 굽이굽이 도는 골짜기 어디쯤에서 금방 신선이라도 나올 듯한 치악산 계곡의 바위 아래 석간(石澗)으로 흘러내리는 옥계청류(玉溪淸流)…. 가람 선생의 시조 한 수가 떠오른다.

> 이 골 저 골 물을 거너고 또 건너니
> 발 밑에 우는 폭포 백이요 천이러니
> 박연을 이르고 보니 하나밖에 없어라.
>
> <가람 이병기, 「박연폭포」>

물의 본질은 맑고 깨끗하다. 더러운 물이란 사람이 더럽혀서 그런 것이지 물 자체가 더러운 것이 아니다. 더러운 오수(汚水)도 타물질(他物質)이 물을 더럽혀서 오염됐을 뿐이지, 물 자체는 원천적으로 더러운 것이 아니다. 물은 맑고 깨끗한 것이 본질이다. 그래서, 더럽혀진 물도 시간이 지나면 끝내는 깨끗한 물로 돌아가는 것이 속성인지도 모른다. 물은 자신만 깨끗한 것이 아니고 세상 만물을 깨끗하게 정화(淨化)시켜 준다. 물이 아니면 '깨끗하다'는 개념의 말은 성립이 안 될 것이다. 사람이 더럽히지 않은, 자연 그대로의 물, 특히 가을철 계곡 석천(石川)에 흐르면서 고인 명경지수(明鏡止水)는 맑고 깨끗함의 극치(極致)이다.

물은 빈 자리를 채우는 충만성(充滿性)이 있다. 물은 어디에나 공간만 있으면 채워 준다. 옹달샘을 채우고 연못과 저수지를 채운다.

채우고 넘치면 또 흐른다. 시내와 강을 따라 바다로 들어가 온 지구를 물로 채운다. 그래서인지 몰라도 지구상에 있는 모든 생명체는 다 물로 채워져 있다.

물은 생명체를 길러 주고 포용한다. 이 세상 어디나 물이 있는 곳에는 생명체가 있고, 생명체가 있는 곳에는 반드시 물이 있다. 사막의 오아시스도 물이 있기 때문에 생명체가 살아 있다. 육지와 바다의 수 많은 생명체는 물이 있기에 존재한다. 물은 모든 생물에 있어서 양생(養生)과 포용(抱容)의 고향이다.

물은 한결같고 영원하다. 물은 위에서 아래로 흐르는 속성이 한결같고, 산 돌아 들을 질러 바다로 향하는 흐름이 영원하다.

물은 교만하지 않고 항상 낮은 자리를 택하여 겸손한 자세를 취한다. 그래서 위에서 낮은 곳으로 흐르는 속성을 지녔는지 모른다. 자신은 낮추면서 세상 만생명(萬生命)을 살려 주는 위력(偉力)을 지녔다.

물은 순리(順理)의 원상(原狀)이다. 최상류 원천(源泉)에서 발원(發源)하여 계곡과 시내를 따라 흐르고 흘러 강의 지류 · 본류(本流)를 이루어 바다에 다다르고, 바닷물이 구름이 되어 바람을 타고 비를 실어다가 만생명을 살려내고 다시 바다로 돌아가는 순환(循環)의 원리(原理)를 반복하며 세상 만물에 생성(生成) 성장(成長)의 혜택을 준다. 때로는 뇌성폭우(雷聲暴雨)와 홍수(洪水)로 사람들의 지탄(指彈)을 받기도 하지만, 이것도 인간과 자연을 해치는 것이 아니고, 자연의 생태계를 정상상태(正常狀態)로 돌리려는 우주 섭리(攝理)의 수행(遂行)인 것이다. 이것이 물의 순리인 동시에 이 세상의 순리이다.

사람은 흙에서 나서 흙으로 돌아간다고 하지만, 어쩌면 물에서 나서 물로 돌아간다는 말이 더 맞을지도 모른다.

노자(老子)의 "산은 산이요, 물은 물이로다" 라는 잠언(箴言)이 더욱 심오하고 어렵게만 여겨진다.

나는 단풍 낙엽이 떠 흐르는 청류옥계(淸流玉溪) 석천(石川) 산길을 걸으면서 노자의 '상선약수(上善若水 : 가장 훌륭한 경지는 물과 같은 것이다.)'라는 명구(銘句)를 계속 뇌어 본다.

— 1996. 치악산 구룡사 계곡에서 —

산

사람은 누구나 자연에서 나서 자연으로 돌아간다. 사람뿐 아니라 이 세상 만물은 다 그러하다.

자연에는 산과 물과 들이 있고, 나무와 풀과 꽃이 있다. 자연에는 산이 있어서 자연을 더욱 아름답고 멋 있게 해 준다. 사막이 아닌 한, 산은 자연의 일부가 아니고 전부라 해도 괜찮을 것 같다. 만약에 산이 없고 허허 벌판 들만 있거나 바다 같이 물결만 넘실거린다면 자연이라는 게 얼마나 볼품 없고 적막하겠는가.

산! 이는 생각만 해도 무한한 정을 느끼게 한다. 산정(山情)은 향수(鄕愁)와도 통하는 정감이다. '고향' 하면 으레히 시골을 연상한다. '향(鄕)'은 고향의 고을과 마을을 의미하고, 고을과 마을은 산에서 산으로 흐르는 산 줄기 산 자락을 따라 옹기종기 모여 있다.

산은 멧새를 쫓으며 머루를 따 먹던 어린 시절의 싱싱한 추억들을 안고 있다. 산을 바라보거나 산에 들어설 때는, 마치 하루 종일 타고 온 완행 열차에서 내려, 석양의 엷은 가을볕을 이마에 받으며, 고향 마을로 통하는 오솔길로 접어들 때의 기분마냥 티 없이 좋아지기만 한다.

산은 사람들 모두의 고향이다. 사실 사람은 산에서 인연해서 생겨났다. 「에덴」도 산이고, 「파밀(고원)」도 산이다. 수미산, 백두산, 모두 인류 발생과 인연한 영산(靈山)이다. 인류는 오늘도 산과 연(緣)해서 살아가고, 내일도 산에 의지해서 살 것이다. 그래서인지는 몰라도, 사람들은 누구나 산을 좋아한다.

공자도 역시 '인자요산 지자요수(仁者樂山 知者樂水)'라 했다. 산은 인자(仁者)의 자태이다. 그렇다. 산은 영겁함묵(永劫緘默)으로 말이 없으면서도 영봉의 신령스러운 자태로 어느 누구도 감히 범하지 못할 위엄을 지닌 듯하다. 산은 예수나 석가처럼 세상 만물을 차별 없이 포용해서, 철 따라 수목을 수북수북 길러 주는 인후(仁厚)한 덕(德)을 지니고 있다.

우리나라의 경우 봄, 여름, 가을, 겨울 철 따라 펼쳐지는 산의 경개(景槪)야말로 산이 좋음을 더욱 실감케 한다.

춘산(春山)

겨우내 주검처럼 볼품 없던 초목들이 3월이면 기지개를 켜고, 4월이면 눈을 트기 시작해, 산이란 산에는 파아란 색소가 잔잔히 깔린다. 진달래꽃이 온 산을 울긋불긋 물들여 한 바탕 의상(衣裳) 패션을 보이고 지나가면, 아기 손만큼이나 보들보들하고 생기찬 잎새들이 만산(滿山)을 초록으로 단장한다. 오리나무, 떡갈나무, 상수리나무 등의 잡목들이, 늘 푸르른 소나무 숲 사이에서 윤기 흐르는 연녹색 잎으로 수북수북 우거진 5월의 산은 말 그대로 청록(靑綠)의 대향연(大饗宴)이다.

5월의 산은 청(靑)이란 청, 녹(綠)이란 녹을 있는 대로 모조리 다 모아서 푸짐하게 차려 놓은 대자연의 연회상(宴會床)이다. 감미로운 봄비라도 살짝 적시고 지나간 뒤면, 화사한 햇살을 받아 윤기를 자르르 흘리며 온 산을 덮고 있는 5월의 신록이야말로 더 없이 소담스런 자연의 잔치가 아니고 무엇이랴.

이 신록의 넉넉한 5월의 산(山) 가슴에 덥석 안기고 싶은 충동에 산을 찾는 사람들이 많다. 이 산의 잔치에는 사람뿐 아니라, 짐승·벌레 같은 미물들까지도 차별 않고 다 불러 준다.

그러기에 봄의 산은 아기 돌잔치 차리는 어머니와도 같다. 귀여운 아기의 돌잔치를 차리는 어머니의 마음은 있는 거 없는 거 푸짐하게 정성껏 장만하여 상다리가 뚝 부러지도록 많이 차리고 싶어진다. 그리고는 많이들 와서 먹어 주기를 바란다. 이 마음이 싱그러운 녹향(綠香)의 잔치를 마련한 5월의 산정(山情)과 무엇이 다른가.

하봉(夏峯)

봄의 산에서 자애(慈愛)가 흐른다면, 여름의 산은 위엄이 있어 보인다. 춘산이 모정(母情)이라면, 하봉(夏峯)은 부정(父情)이라고나 할까.

염천폭양(炎天暴陽)에 여름의 산색은 푸르다 못해 검다. 불볕이 뜨거우면 뜨거울수록 산은 청색을 내뿜고 녹색을 토하여 청록의 범벅을 만든다. 작열하는 태양 아래 햇볕이 강하면 강할수록 푸르름으로 맞서자는 것일까. 아니면, 산에 깃들인 모든 산가족들을 시원한 그늘로 보호하자는 것일까.

바람 한 점 없이 푹푹 찌는 여름 날 한낮쯤 하봉(夏峯)의 산경(山景)을 바라보고 있으면, 봉우리마다에 깃든 푸르디푸른 암청(暗靑)의 기상은 지칠 줄 모르고 충천(衝天)해 있으나 표정은 굳어 있는 듯이 보인다. 잘못 거슬리면 화라도 벌컥 낼 것만 같은 느낌이다. 그렇지만, 화를 내지는 않는다. 표정과는 대조적으로 시원한 그늘을 드리워 석간 벽계수(石澗碧溪水)를 더욱 푸르고 맑게 해 준다. 어쩌다가 바람이라도 한 가닥 스치고 지나가면, 만면(滿面)에 푸른 웃음까지 흐드러지게 웃어 보이는 여름 산의 경치는, 항상 생활 일선에 나서서 동분서주(東奔西走)하다가도 자식들을 위해서라면 굳었던 표정과 위엄도 거두고, 수양산 그림자보다도 더 짙은 그늘을 드리워 주는 부정(父情)과 상통한다고나 할까. 하봉(夏峯)의 표정 같이 엄해 보이면서도 짙푸른 녹음만큼이나 시원한 도량(度量)이 아버지의 이미지(image)일 것이니 말이다.

추산(秋山)

가을의 산은 훌륭한 예술이다. 연중 가장 청랑(淸朗)한 계절이 가을인지라, 산도 가을 산은 더욱 청순고결(淸純高潔)하기만 하다. 우뚝 솟은 준령기봉(峻嶺奇峰)이 아닐지라도 가을 산이면 으레히 정기(精氣)가 맺힌다. 봉우리마다 맺혀 있고 등성이마다 서리어 있는 가을의 산 정기야말로 금방 어디서 말쑥하고 깜찍한 정령(精靈)이라도 나타날 것만 같다. 거기다가 천자만홍(千紫萬紅) 수 놓은 단풍의 빛깔이 색상의 조화(harmony)로는 극치(極致)를 이루었으니 이 어찌 신필(神筆)의 걸작(傑作)이 아니랴.

가을 산이 아니고서야 이 세상 어느 화가가 이런 작품을 내 놓을 수 있겠는가.

가을의 산에는 그림만 있는 게 아니다. 가을 산의 그 생동하는 화폭(畵幅) 따라 물 소리 바람 소리에 멧새들의 노랫소리는 오묘(奧妙)한 산의 교향곡(交響曲)이요, 한창 익은 산머루 넝쿨 속으로 도토리 주워 물고 줄행랑놓는 다람쥐의 숨바꼭질은 감미로운 산의 서정시(抒情詩)다.

이 무궁무진(無窮無盡) 펼쳐진 가을 산의 예술! 이는 산이기에 보여 줄 수 있는 신묘(神妙)한 장기(長技)요, 산만이 간직한 비법(秘法)이다.

동령(冬嶺)

중국 고개지(顧愷之)의 시에 '가을 달 휘영청, 겨울 산마루엔 장송 하나 우뚝(秋月揚明輝, 冬嶺秀孤松)'이라는 구절이 있다. 우뚝 솟은 겨울 산마루에 독야청청(獨也靑靑) 푸르른 장송(長松) 한 그루……. 상상만 해도 기품(氣稟)과 운치를 느낄 수 있다.

겨울의 산은 기품과 자태(姿態)가 마치 수도하는 선승(禪僧)과 같다. 봄, 여름, 가을을 지내면서 애써 만들어 즐겨 입던, 요란한 빛깔의 의상들을 어느새 훌쩍 홀짝 벗어 던지고, 완전히 무념무상(無念無想)한 본연의 실체(實體)로 돌아가 어디서 훌연히 신령님처럼 나타난 동령의 모습은, 마치 세상사 희로애락(喜怒哀樂)에 연면(連綿)하다가 마침내 도(道)를 얻어 인생 사고(人生四苦)를 가뿐히 초월하고, 바야흐로 정좌(靜坐)한 선승(禪僧)・도인(道人)의 자태이다.

밤새 내린 눈으로 천지가 순백으로 바뀌고, 끝 없는 정밀(靜謐)만이 깃들인 설원(雪原) 영봉(靈峰)은 백팔번뇌(百八煩惱)를 다 잊고 해탈(解脫)의 경지에 몰입한 선승에 견주어 부족함이 없으리라.

☆ ☆ ☆

심오한 산의 뜻함을 어찌 다 읽으랴. 더구나 산은 만년부동(萬年不動), 불언무감(不言無感)이니 더욱 모를 일이다.

그렇지만, 모르면서도 좋아지고, 볼수록 정이 드는 게 산이다. 물을 즐김은 여름 한 철이지만, 산은 어느 한 계절 싫어지는 때가 없다.

'꽃이 좋아 산에서 사노라네.'가 아니고, 산이 좋아 산에 드니 산정(山情)은 더욱 깊고 무한(無限)하다.

<1973>

멘토

멘토(mento)란 고대 그리스의 지도자였던 오디세우스가 자기 아들의 보호와 교육을 맡긴 벗의 이름인데, 좋은 가르침의 지도자란 뜻으로 그리스 신화에 나오는 '멘토르(Mentor)'를 가리키는 말이다. 즉, 최고 교훈적 존경의 사표(師表)를 뜻하는 말이다.

개인적으로는 누구에게나 멘토가 있을 수 있지만, 여기서는 많은 사람들의 존경을 받는 대중적 멘토 즉 만인의 멘토에 대해서만 말해 보고자 한다.

대중적 멘토라면 공·맹자, 예수, 석가를 먼저 생각할 수 있다. 이들은 만인(萬人)의 멘토다. 로마 황제 마르쿠스 아우렐리우스나 미국의 링컨 같은 인물도 멘토이고, 가까이는 이순신 장군이나 안창호·김구 선생 같은 분, 일제 강점기 애국 지사·열사들, 그리고 고(故) 이성철 스님이나 고 김수환 추기경 같은 분이 멘토다.

이들의 공통점은 사욕(私慾)을 버리고 만인 대중을 위해서 세상을 살았고, 세상을 이끌고 교도했다는 것이다. 멸사봉공(滅私奉公)했고, 살신성인(殺身成仁)했다는 것이다. 이들은 편당적(偏黨的)이거나 정치적(政治的)이지 않았다. 화이부동(和而不同)했고, 주이불비(周而不比)했다. 이들은 군자(君子)요, 선비요, 세상 최고의 지성인(知性人)이다. 그야말로 멘토 중의 멘토다.

세상은 IT 시대·T.V 영상 매체로 초고속 급변 시대가 되면서 가치 기준의 혼란을 초래했다. 옥석(玉石)의 구분이 모호하고, 진위(眞僞)의 구별이 혼동된다.

멘토는 자기에게 정신적 지주(支柱)로서 이성(理性)과 감성(感性)의

올바른 함양에 스승이 되는 사람을 말한다. 이에는 개인의 스승도 있고 만인의 스승도 있다. 스승에는 정신적 스승도 있고 기능적 스승도 있다. 멘토는 정신적 · 교훈적 스승이다.

그런데, 요즘 사회 일반에서는 멘토의 개념을 확대 해석하여 기능적 스승까지도 멘토로 지칭하고, 통치자나 정치인도 멘토인 양 착각하는 경향이 있다. 이들 중에는 멘토가 있을 수도 있지만, 멘토와는 거리가 먼 사람도 많다. 선생은 많아도 스승은 적고, 지식인은 많아도 지성인(知性人)은 적으며, 학자는 많아도 선비는 적다는 말과 맥락을 같이한다.

우리 한국 현대사에서 통치자나 정치 지도자 중에 멘토가 있었느냐고 묻는다면 과연 있었다고 대답할 수 있겠는가 말이다.

국민적 멘토라면 역대 대통령 중에서 찾아볼 수 있어야 하겠지만, 우리나라 역대 대통령 중에 멘토가 과연 있었던가. 대통령은 국민들로부터 멘토를 해 달라고 위임을 받은 사람이다. 일반인들은 대통령이면 그냥 멘토인 걸로 착각을 하는 사람도 많다.

오늘날, 영상 매체의 혹세무민적(惑世誣民的) 선동 효과로 인한 착시(錯視) 현상으로 인하여 사이비 멘토가 멘토로 둔갑했다. 마치 가짜가 진짜보다 더 진짜로 보이는 것처럼.

소위 '3김 시대'라는 말이 있었다. 한국의 현대사는 온통 '3김'이 좌지우지(左之右之)해 왔다고 해도 과언이 아니었다. 언제나 '국민을 위하여…'라는 포퓰리즘적 정치 구호(口號)로 소위 '대통령병'이라는 없던 병명(病名)이 생겼고, 대통령 위에 더 이상은 할 게 없는, 만인지상(萬人之上)의 최고 지위에 오르고서도 권력욕과 표심(票心)에서 벗어나지 못하고 고질적이고 망국적인 지역 감정을 해소는커녕 오히려 고착화(固着化)했고, '민주화'라는 구호 아래 허균의 호민론

(豪民論)에서의 '원민(怨民)'을 양산(量産)하여 화합(和合)과 통합(統合)이라는 말이 씨가 먹히지 않고 결국은 이념적 남남갈등(南南葛藤)을 심화시켜 6·25를 모르는 네티즌 세대들의 도착적(倒錯的) 국가관(國家觀)으로 인하여 야기(惹起)되는 문제가 심각하지 않은가. 치국(治國)은 그렇다 치고 자식들의 비리(非理)로 상처 받은 제가(齊家)는 어떠했던가.

전직 대통령의 서거·추모 분위기에 편승하여 그들이 마치 국민적 멘토나 되는 것처럼 하나의 착시적(錯視的) 현상이 연출되기도 하지 않았던가. 그들이 마치 멘토인 것처럼 언론 매체나 정치 집단에서 대중 의식을 부화뇌동적(附和雷同的)으로 유도하여 멘토의 정의까지 혼란케 하지 않았던가.

대통령은 권력이나 지위는 더 이상 필요가 없는 자리이다. 표심(票心)이나 지지도에 얽매여 잔머리를 굴릴 필요도 없다. 국가와 국민을 위하여 몸을 던진다는 일념(一念)으로 국민들의 마음 속에 멘토로서 자리잡는다면 더 이상 바랄 게 없다. 국민들은 그런 멘토에게 열렬한 박수를 보내고 그런 대통령을 갈망하지 않겠는가.

<2011>

백로와 까마귀

포은(圃隱) 정몽주의 어머니가 고려말 쇠락한 국운에 조정(朝廷)이 불안할 때 아들의 안위(安危)를 걱정하여 읊은 시조가 있다.

가마귀 싸우는 곳에 백로야 가지 마라
성낸 가마귀 흰빛을 새오나니
청파에 조히 씻은 몸 더러힐가 하노라.

여말(麗末)에 벼슬하고 이조 태종 때 영의정을 지낸 이직(李稷)의 시조(時調)는 백로와 까마귀를 이렇게 읊었다.

가마귀 검다 하고 백로야 웃지 마라
겉이 검은들 속조차 검을소냐
아마도 겉 희고 속 검은 것은 너뿐인가 하노라.

백로[10]와 까마귀[11]를 상반되는 이미지(image)로 의인화(擬人化)하여 희유(戲喩)하였다. 백로와 까마귀는 새의 한 종류로서 자연 만물 중의 하나의 개체이다. 그 개체들과 인간과의 관계에서 친소(親疎), 이해(利害), 원근(遠近) 등의 입장이 규명된 바도 없고, 다 같이 인간에게 익조(益鳥)일 수도 있고 해조(害鳥)일 수도 있다. 백로와 까마귀라는 하나의 자연물에 대하여 인간이 외관(外觀)으로 인지(認知)는 할

10) 백로(白鷺) : 해오라기, 백조(白鳥), 설객(雪客), 용서(舂鋤).
11) 까마귀 : 자오(慈烏), 자조(慈烏), 효조(孝烏).

수 있을지 모르지만, 그들의 본질이나 본태적 속성(屬性)은 알 수도 없고 아는 사람도 없다.

그런데, 포은의 어머니는 까마귀를 부정—네거티브(negative)하며 백로를 긍정—포지티브(positive)했고, 이직(李稷)은 완전히 상반(相反)되게 백로를 비웃어 부정(否定)했다.

사람의 의식작용(意識作用)에는 인지(認知), 인식(認識), 주관(主觀)이라는 것이 있고, 착시(錯視), 착각(錯覺)이라는 말도 있다.

지름이 같지 않은 동심원(同心圓) 두 개로 그려진 그림을 놓고, 이 그림은 무엇을 보고 그린 그림인가. 즉, 그림의 소재(素材)를 규명함에 있어서 다들 유리컵을 세워 놓고 위에서 내려다보고 그린 그림이라고 했다. 그런데 그림의 작자 대답은 그게 아니고 정반대였다. 유리컵을 엎어 놓고 그렸다는 것이다.

조선조 때 한 유학자(儒學者 : 이퇴계 선생?)에게 한 농부가 찾아와서 "오늘 며느리가 출산을 했는데 오늘이 저의 선친 기일이온지라 제사를 지내도 되겠습니까? " 하니 "으, 되지." 하고 보냈는데, 조금 있다가 또 한 농부가 찾아와서 똑같은 경우를 말하고 "오늘밤 선친 기제사를 안 지내도 되지요?" 하니 "으, 안 지내도 되지." 했다. 듣고 있던 제자들이 도무지 납득이 가지 않아서 반문을 하니 선생이 대답하기를 "앞에 온 사람은 산고(産故)가 있어도 제사를 지내고 싶어서 '되는가.?'를 확인하러 왔고, 뒤에 온 사람은 안 지내고 싶어서 '안 지내는 것'을 확인받으러 왔으니 그 심향(心向)에 맞게 답해 준 것뿐이다."고 한 이야기가 있다.

중국 사람들은 이가 빠진 밥그릇을 소중히 여긴다. 이 빠진 그릇으로 음식을 받아먹으면 재수가 있고 복(福)이 들온다는 것이다. 우리 한국인은 정반대로 이 빠진 그릇을 금기시하여 받아먹지 않고 버린다.

흑인의 나라에서 미인대회를 한다면 당연히 흑인의 피부색이 제1의 기준일 것이고 백인의 미인은 권외(圈外)로 탈락할 것이다.

기준과 잣대라는 것이 객관적이어야 하고 객관성을 띄고 있어야 하지만, 때로는 엉뚱하게도 정반대 개념으로 전도(顚倒)되기도 한다. 정포은모(鄭圃隱母)의 「백로와 까마귀」, 이직의 「백로와 까마귀」가 바로 그런 경우가 아닌가.

'방 안에서 들으면 시어머니 말이 맞고, 부엌에서 들으면 며느리 말이 맞다.'는 속담이 있다. '계란이 먼저냐. 닭이 먼저냐'는 논쟁도 있다. 주장이 세고 소리가 크면 옳은 말인 양하여 진위(眞僞)의 판단이 헷갈릴 때가 많다. 중국 진(秦) 나라 때 임금의 눈을 속여 헷갈리게 한 '지록위마(指鹿爲馬)'란 고사성어(故事成語)도 있다.

우리나라의 사회 갈등지수가 OECD국가 중에서 두 번째로 심각하다는 통계가 나와 있다.

작금(昨今) '여권(與圈) · 야권(野圈), 보수 · 진보니, 평화주의자 · 통일 애국지사니, 참교육 · 정의구현이니 하며 다들 자기만이 애국위민(愛國爲民)의 선봉인 양 소리를 높이는데, 이것이 바로 만인대중(萬人大衆)의 머리를 헷갈리게 하여 혹세무민(惑世誣民)하려는 「백로와 까마귀」가 아니겠는가.

흑(黑)과 백(白)이 진실 게임을 할 때 한 쪽이 진실이면 다른 한 쪽은 당연히 거짓일 테니까 말이다.

<2012>

대도무문(大道無門)

노자(老子)는 그의 『도덕경(道德經)』에서 '대도(大道)를 걸을 것이며 옆길로 들어설까 두려워해야 한다.(行於大道 唯施是畏)'고 했다. 이를 치도(治道)로 말하면 대도(大道)는 정도(正道)이면서 공명정대(公明正大)한, 대의명분(大義名分)의 공도(公道)이고, 옆길 [施] 은 사도(邪道)요, 소탐대실(小貪大失)의 사도(私道)이다. 대도(大道)는 절대적 가치(價値)를 추구하는 길이고, 옆길은 상대적 가치를 추구하는 길이다. 대도(大道)는 군자(君子)의 길이고, 옆길은 소인(小人)의 길이다. 대도(大道)는 누구나 가야 하는 길이다. 대도(大道)는 무문(無門)이다.

어느 통치자가 쓴 휘호(揮毫)에 '大道無門'이라고 쓴 액자가 있다. '정도(正道)이면서 공명정대한, 대의명분의 공도(公道)를 가는 데에는 문(門)이 없어 막히는 일이 없이 만사(萬事)가 형통(亨通)한다는 의미일 것이다. 통치자의 치도(治道)가 '大道無門'의 의미대로 국운(國運)이 대통(大通)하여 국가의 융성(隆盛)과 국민의 복지(福祉)가 크게 달성되기를 기원하는 의미를 담고 있거나 아니면, 내가 하고자 하는 일 즉 내가 가는 길은 대도(大道)이니 거침이 없을 것이라는 심오한 의미의 잠언(箴言)일 것이다.

우리 한국 현대사에 치도(治道)를 걸어온 역대 통치자 치고 대도(大道)를 걸은 자가 과연 몇 명이나 있었던가. 그들의 '국가와 국민을 위한다'는 말은 표심(票心)을 사기 위한 구호(口號)일 뿐이고, 통치행위(統治行爲) 그 자체는 결국 개인의 영달(榮達)을 위한 수단에 불과했다 해도 과언이 아닐 것이다. 만인지상(萬人之上)이라는 최고위(最高位)에서 여한 없는 집권의 영광을 누리고서도 존경의 대상이 되지 못하고 오히려 지탄(指彈)의 화살을 받는 창피한 몰골로 자기 변호에만 급급한 역대 통치자들한테서, 진짜로 속고 억울하게만 살아온 국민들이 무엇을 배울 게 있었단 말인가.

광복 이래 비정(秕政)과 비리(非理)에서 자유로울 수 있는 통치자(統治者)가 과연 있었던가. 없었다면 그들을 나라의 지도자라고 할 수 있겠는가. 그 실정(失政)의 피해는 고스란히 국민에게 돌아갔을 테니 그 책임이야말로 얼마나 막중하겠는가.

우리 한국의 현 시점에서 정치, 경제, 외교, 대북 안보 등 여러 분야에서 양극화(兩極化)니 남남갈등(南南葛藤)이니 하는 혼란은 가중(加重)되고 있으니 현대사 60년 동안 그래도 내로라 했던 통치자들은 이 나라 현 상황의 책임을 누구에게 전가(轉嫁)할 것인가. 더욱이 수치심(羞恥心)마저 결여되어 정의감(正義心)과 의협심(義俠心)마저도 희박(稀薄)해지고 만연해 있는 불신풍조(不信風潮)의 늪에 빠져든 현 세대들의 의식구조는 누가 회복시킬 수 있단 말인가.

노자는 사람의 욕심이 끝이 없음을 보여 주는 통치자의 탐욕을 비웃고, 비리에 연루된 통치자를 큰 도둑 대도(大盜)라 했다.(帶利劍厭飮食財貨有餘 是爲大盜兮)

장자(莊子)는 노자가 말한 '大道無門'을 '大盜無門'이라는 말로 바꾸어 코메디 같은 말을 남겼다. "좀도둑은 보물이 들어 있는 상자의 열쇠를 열려고 애쓰지만, 큰 도둑은 그 열쇠를 열려고 하지 않고 그 보물이 들어 있는 상자를 송두리째 들고 간다. 그리고 그 들고 간 상자를 다른 대도(大盜)에게 형님, 아우 하며 넘겨 주기도 한다."는 것이다.

대통령이라 해서 법정 권한 외에 다른 특권이 주어진 것도 아니고 어떤 특권을 누려서도 안 된다. 검약(儉約)과 청백(淸白)의 자세를 국민 앞에 보여 주어야 한다. 법 앞에서는 누구나 평등하다. 이것이 민주주의 국가라는 인식도 국민에게 심어 주어야 한다. 고대 로마 시대 마르쿠스 아우렐리우스 황제의 청렴계명(淸廉戒銘)과 고(故) 김수환 추기경의 유훈(遺訓)이 이를 일깨워 주고 있다.

퇴임 대통령이라 해서 경제적으로 치외법권적 상류 귀족 생활로 일반인과는 달라야 하지 않겠느냐는 식의 생각은 이것이 바로 봉건적·제왕적·특권적 발상이 아닐 수 없다.

수십억 원의 비리(非理)를 놓고 더 큰 횡령의 금액에 비해서 그 정도는 생계형 범죄에 불과하다고 생각한다면, 공무원이 받은 수십만 원 정도의 뇌물은 범죄형 비리란 말인가. 대통령을 지낸 사람은 생계 보장에다 경호까지 해 주도록 예우법으로 우대하고 있다. 그런데, "대통령을 한 사람이 얼마나 청렴했으면 그 정도밖에 안 받았겠느냐. 수천억 원을 횡령한 통치자도 있는데 백억원 정도 받은 걸 가지고 뭘 그러느냐?"는 식으로 옹호하며 변명까지 붙인다면 그야말로 실소(失笑)를 금치 못할 헤프닝이 아니겠는가. 법 앞에서는 누구의 비리(非理)도 비리는 비리이고 범죄는 범죄인 것이다.

여기에 '大道無門'의 대도(大道) 통치(統治)와 잔 머리 굴리는 잔 꾀 정치(政治)의 차이가 드러나 있다.

국민들은 대도 통치를 바라고 있다. 잔 꾀 정치에서 나라가 멍드는 것을 심히 우려하고 있다. 광복 후 혼란과 시련의 시대를 살아 오면서 안식년(安息年) 한 번 제대로 누려 보지 못하고 지칠 대로 지쳐 있는, 대한민국을 사랑하는 국민들이 '대도무문현시(大道無門顯示)의 날을 갈망하는 심정이 어떠하랴.

<2007>

교육과 체벌(體罰)

<1999. 10. 23 조선일보, 1999.「월간 교육타임스」 창간호, 1999.「교육진흥」 겨울호, 1999.「예절교육」 12월호 게재>

전교조에서 실시한 교사·학생 설문 조사 결과에 의하면, 초·중·고등학교 교사의 80%가 학교 교실에서 정상적인 교육이 어려울 만큼 '교실 붕괴' 현상이 급격히 진행 중이라고 응답했다는 것이다. '교실 붕괴'는 체벌 금지 규정에 의하여 '체벌 교사 고발'이라는 교권 박탈 이후 최근 1, 2년 사이에 갑자기 일어난 현상이라고 한다.

필자는 국가 백년 대계인 교육의 정상화 및 효율화 차원에서 학생 체벌에 대하여 재조명코자 한다.

교육은 인간의 성장과 발달을 위해 필수적으로 거쳐야 하는 하나의 통과 의례적 과정이다. 교육은 인간을 바람직한 방향으로 기르는 행위이다. 교육은 어떤 인간형을 제품처럼 제작하는 것이 아니고, 본인 스스로 어떤 인간상을 형성할 수 있도록 도와서, 그의 소질과 능력을 계발·신장시키는 일종의 촉진 작용이다.

이런 관점에서 볼 때, 학교 교육에서 인간의 소질과 능력을 계발·신장시키기 위해서는 여러 가지 이론과 방법이 동원되어야 할 것이고, 체벌은 그 방법 중의 한 가지에 속한다고 본다.

교육에서 체벌을 흑백론적으로 논할 게 아니라, 체벌의 유·무효 여부를 생각해 봐야 한다. 체벌이 교육에 유효하다면, 그것은 당연히 교육의 방법으로 적용되어야 할 것이고, 그것이 무효·무익하다면, 단연코 교육 현장에서 배제되어야 함은 말할 것도 없다. 체벌이 교육에 유효한데도 불구하고 굳이 단순한 행정적 조치에 의해서 금지된다면, 여기에는 교육의 역기능적 피해가 엄청나게 클 것이다.

여기서, 체벌의 유·무효를 생각하기 전에 먼저 체벌 방법 그 자체가 교육적이냐 비교육적이냐를 조명해 봐야 한다. 체벌이 순수 교육 목적에서 행해졌다면, 다시 말해서, 교사가 화가 나지 않은 상태나 화를 억제한 상태에서 체벌했다면, 이는 교육적이라 볼 수 있지만, 교사가 화를 내거나 화풀이로 체벌을 가했다면 이것은 체벌이 아니고 구타 또는 폭력이다. '체벌' 하면 '매(채찍)'를 연상하기가 일쑤인데, 체벌이란 매를 때리는 것만이 아니고, 꿇어 앉히기, 일어서 있기, 팔 들고 서 있기 등 피교육자의 교정(矯正)을 위한 행위 일체를 말하는 것이다. '벌(罰)'이라는 게 순수 교육적인 상황이면 체벌이고, 비교육적인 경우이면 폭력인데, 교육에서 철저히 배제해야 할 대상은 어디까지나 후자이지 전자는 아니다.

공자도 교육에서의 체벌을 이렇게 말했다. "가엾게 여기는 아이에겐 매를 많이 때리고, 미운 아이에겐 밥을 많이 주어라(憐兒多與棒, 憎兒多與食)."고 하였다. 여기서 '가엾게 여기는 아이'는 피교육자를 말하는 것이다. 잘 되어야 할 아이인데 어쩐지 잘 안 되고 있어서 걱정되는 그런 아이를 가리킨다. 마치 자식을 걱정하고 안쓰러워하는 부모의 심정과 같은 마음으로 보는 대상을 말한다.

공자가 말한 '매'는 교육의 기본적 방법이요, 사랑의 현시(顯示)이다. 이는 원예사의 손길과도 같고, 양 치는 목자의 채찍과도 다를 바가 없다. 이런 의미의 체벌은 어디까지나 사랑의 표현이지 벌이 아니다. 이런 체벌은 통제가 아니고 격려이며, 억압이 아니고 신장(伸張)이며, 금지가 아니고 계발(啓發)이며, 미움이 아니고 사랑이다. 이런 체벌에는 구타나 폭력의 개념이 끼어들 수가 없다.

공자가 원전에서 말한 이 체벌(매)은 진솔한 교육적 애정을 의미

한다. 월정사 주지인 도각(道覺) 스님도 "사랑하기 때문에 오히려 매를 드는 경우도 있다"고 말했고, 성경에도 "아이의 마음에는 미련한 것이 얽혔으니, 징계하는 채찍이 이를 멀리 쫓아내리라. 말에게는 채찍이요, 나귀에겐 재갈이요, 미련한 자의 등에는 막대기니라."고 했다. 이 심오한 의미의 체벌을 위반이니 위법이니 하며, 비전문가들의 단견·단순 논리를 받아들여 처리한다면 이것이 바로 '소 뿔 고치려다가 소 죽이는 격'의 어리석음이 아니고 무엇이겠는가.

교사가 체벌을 해야 할 경우에 체벌을 하지 않는 것은 어떤 의미에서 아동의 방임이요, 심하게는 직무유기이며, 교육의 포기이다.

오늘날, 한 자녀 시대에 자기 중심적 사고로 자라는 아이들이 부모의 입장과 교사의 권위를 인정하지 않으려 든다. 과거에는 가정교육에서 윤리 의식과 인성이 배양되었지만, 요즘은 T.V와 컴퓨터에 시간을 다 뺏기고, 가정 교육이 없는 실정이다. 과거에는 자녀가 '부모 말은 안 들어도 선생님 말은 잘 듣는다'는 말이 있을 정도로 학교 교육이 그래도 유지되어 왔다.

체벌은 무조건 금지 대상이 아니고, 중요한 교육 방법 중의 하나이다. 교육은 채찍과 당근의 적절한 구사에서 효과를 기대할 수 있다. '신상필벌(信賞必罰)', '일벌백계(一罰百戒)'는 교육의 기본 원리이다.

학교 바로세우기 실천연대(학실련) 조사에 의하면, 학생 체벌에 대해서는 교원, 학생, 학부모 모두 '적절한 범위내에서 필요하다'는 의견이 지배적이다.

지금 황폐화 정도를 넘어서 붕괴의 위기에 있는 우리의 교육 현실을 직시하여, 국가 백년 대계인 교육의 기틀을 바로 세워야 한다. 교육의 정상화 과제야말로 정치, 경제 등 그 어떤 논리보다도 우선되어야 하지 않겠는가.

효(孝)

사람이 이 세상에 태어나서 죽을 때까지 자기 아닌 다른 존재로부터 많은 혜택을 받고 살아가는 것이다. 혜택에는 자연이 주는 것과 사람이 주는 것 두 가지가 있겠는데, 그 중에서 자연이 주는 것은 천혜(天惠)이고 사람이 베푸는 것은 은혜(恩惠)라고 말한다.

은혜라면 부모님의 은혜, 스승의 은혜, 친구 또는 사회 독지가(篤志家)의 은혜 등 많이 있는데, 이 중에서 그 무엇과도 비교할 수 없을 정도로 큰 것은 부모님의 은혜이다. 사람으로서 부모님의 은혜를 고맙게 알고 보답하려는 행위를 일러 이를 '효'라고 하는 것이니, 이 '효'는 인간의 기본 도리가 아닐 수 없다.

사람이 '효'를 실천하자면 먼저 부모님의 은혜가 얼마나 큰가를 인식해야 한다. 부모님의 은혜를 일러 '하늘 같은 가 없는 은혜'라고 말한다. 다른 인간관계는 다 인위적(人爲的)으로 이루어졌지만, 부모와 자식간의 관계는 인위적이 아니고 천부적(天賦的)이다. 그래서 이를 가리켜 천륜(天倫)이라고 하는 것이다.

부모가 자식에게 주는 사랑은 어떤 목적 의식이나 타산에 의한 것이 아니고, 마치 하늘과 땅이 세상의 온갖 생물을 길러 주는 천혜(天惠)마냥, 조금도 가식(假飾) 없는 자연 그대로의 사랑인 것이다.

그런데, 왜 사람들은 이 하늘 같은 부모님의 은혜를 잘 인식하지 못하고 있을까. 이는 부모님의 은혜가 너무나 크기 때문이다. 이 세상에 공기와 물이 없으면 모든 생물이 일시에 멸종할 것인데도, 사람들이 이 자연의 고마움을 의식하지 못하고 지내듯이 부모님의 은혜도 너무나 크기 때문에 모르고 지내는 것이다.

그러면, 이 큰 부모님의 은혜에 보답하려는 행위가 '효'라면 과연 어떻게 하는 것이 '효'가 되겠는가.

'효'의 기본 요건은 부모님의 마음을 편하고 즐겁게 되도록 해 드리는 일이다. 백 가지 경우를 다 잘 해 드렸더라도 부모님의 마음이 불편하시거나 속이 상해 있으면 이는 '효'가 아니다. 오늘날, 풍요한 물질만능 시대가 되어서 돈이면 다 '효'가 되는 줄로 착각하기가 쉽다. 만약에 형과 동생이 부모님을 모시고 살지는 않으려고 하면서 돈 드는 부담은 다 내가 맡겠다고 한다든지, 부모님을 양로원에 모셔 놓고 돈으로만 충분하게 해결해 드린다면 그 부모님의 마음이 편하고 즐겁겠는가. 그런 것은 물질에 의존한 형식적 처방이지 결코 '효'가 될 수는 없다. 물질로 하든 마음으로 하든 부모님이 육체적으로는 다소 고달프시더라도 마음만 편하다면(즐거움까지 있다면 더욱 좋고) 큰 일이든 작은 일이든 모두 다 훌륭한 '효'가 되는 것이다.

『효경(孝經)』에 '효'의 첫걸음(基本)에 대해서 이렇게 말한 것이 있다. "사람의 몸과 머리카락과 피부 등 육신은 모두 부모님으로부터 받은 것이니, 이를 감히 훼손(毁損)하지 않아야 '효'의 비롯 즉 첫걸음이 된다(身體髮膚 受之父母 不敢毁傷 孝之始也)"고 했다. 신체를 감히 훼손하지 않아야 '효'가 된다는 말은, 자식이 조심하지 않아서 신체에 무슨 탈이라도 생기면, 부모님의 걱정은 너무나도 크시니 최소한 신체로 해서는 부모님께 어떤 걱정도 끼치지 않는 것이 '효'의 기본이라는 말이다. 만약에 자식이 밖에 나가서 싸움질이나 교통 사고나 부주의(不注意) 등으로 해서 상처를 입어 피를 흘리고 다쳤을 때, 그 어느 누구가 부모님보다 더 걱정되는 사람이 있겠는가.

부모는 자식이 아무리 나이를 먹어도 항상 물가에 아기를 세워 놓은 것 같이 마음을 놓지 못한다고 한다. 이 말은, 부모는 항상 자식에 대해서 걱정하고 계신다는 뜻인데, 자식이 부모님의 걱정하심을 모르고 함부로 몸을 돌리거나 훼손한다면 어찌 '효'를 안다고 하겠는가. 그러니, '효'는 물질적인 것을 떠나서, 어떻게든 부모님의 마음이 편안하고 즐거운 상태가 되게만 해 드리면 이것이 바로 훌륭한 '효'라는 것이다.

『논어(論語)』 술이편(述而篇)에서 "거치른 밥을 먹고, 물을 마시고, 팔 베게로 잠을 자도 마음만 편하면 낙(樂)이 거기에 있다.(飯疏食飮水 曲肱而枕之 樂亦在其中矣)"고 했다.

부모님께 좋은 차에, 좋은 옷에, 맛 좋은 음식으로 호강을 시켜 드리면 물론 좋은 효도이긴 하지만, 거기에 무슨 갈등이나 불화가 내재돼 있다면 결코 마음은 편할 수가 없다. 호의호식(好衣好食)은 아닐지라도 자식이 무탈건강(無頉健康)하고 근면성실(勤勉誠實)하게 열심히 사는 모습을 보인다면 어느 부모가 마음이 편하지 않겠는가.

사람은 조그만 일, 대단치 않은 일, 평범한 일에서도 만족할 줄 알고, 만족하면 즐거워지고, 즐거워지면 마음에 엔돌핀(endolphin)이 생기고 편해지는 것이다.

출세하고 성공하여 돈 벌면 효도하겠다는 자식은 결국 효도를 못하게 된다. 성현(聖賢)의 말씀에 "나무가 가만히 서 있으려 해도 바람이 그치지 않고, 자식이 효도를 하고자 하는데 부모가 기다려 주지 않는다.(樹欲靜而風不止 子欲養而親不待)"고 했다. 자식이 효도를 해야 되겠다고 마음 먹었을 때는 부모가 돌아가시고 안 계신다는 것을 말한 것이다.

효도는 어렵고 먼 데 있는 것이 아니고 쉽고 가까운 데 있다는 것이다. 현대 사회는 한 집에 모시고 사는 것만이 효가 아니고, 부모님과 떨어져서 따로 살아도 여건 · 상황이 될 때 찾아뵙고 전화라도 자주 드려서 부모님이 좋아하시고 마음이 편안하면 이 또한 훌륭한 효도가 된다는 것이다.

종교나 국적이나 친구 등 다른 인간관계는 바꿀 수도 있지만, 부모는 바꿀 수 없다. 그러므로, 부모자식간은 상대적 관계가 아니고 절대적 관계인 것이다. 이것이 천륜(天倫)이다. 나를 낳으시고 길러주신 부모님의 은혜를 아는 것은 동서고금(東西古今)을 막론하고 인간의 공통적이고 기본적 윤리이다.

성(性)

성(性)이란 개념의 말은 무수히 많다. 천성(天性), 본성(本性), 인성(人性), 성격, 성질, 성품, 성정(性情), 성상(性狀), 성선설(性善說) 성악설(性惡說) … 등 인간의 오욕칠정(五慾七情)에 의한 내적 심리 작용의 어휘들이 있고; 남성, 여성, 동성(同性), 이성(異性), 성생활 … 등 남녀 · 암수의 음양(陰陽)을 가리키는 말들이 있는가 하면; 이성(理性), 감성(感性), 성리(性理), 성리학(性理學), 성상(性相), 성상학(性相學) … 등 이성적(理性的) 비판(批判)의 철학적 함축어들도 있고; 성능(性能), 관성(慣性), 약성(藥性), 습성(習性) … 등 기능적 의미의 말들도 있다.

성(性)의 개념이 함축적(含蓄的) · 다의적(多義的)으로 널리 쓰이고 있다는 것을 말해 주는 어례(語例)들이다. 성(性)에 관한 한 자웅(암수)의 성 말고는 거의 전부가 인간에게만 부여되어 쓰이는 말이다.

어쨌든, 이 성(性)이란 인위적인 것이 아니고 하늘이 명(命)한 천부적인 것이다. 『중용(中庸)』에 "성(性)은 하늘이 명한 것이고, 성을 잘 다스리는 것이 도(道)이며, 도를 잘 닦는 것이 교(敎)다.(天命之謂性 率性之謂道 修道之謂敎)"라고 했다. 인위적이 아니고 천부적(天賦的)으로 받은 이 성(性)을 조화롭게 잘 콘트럴(control)하는 것은 하늘의 몫이 아니고 인간의 몫인데 이것을 '도(道)'라고 했고, 이 도를 훌륭한 방향으로 잘 닦고 수양하는 것이 '교(敎 - 종교, 교육, 설교, 설법 등 깨우치는 작용)'라는 의미이다. 요약하면, 천부적인 '성(性)'을 인위적인 '도(道)'와 '교(敎)'로 잘 다스리고 닦아야 한다는 뜻이 아닌가 생각된다.

이 '성(性)'이 천부적 · 태생적인 것이라면 이것은 신(神)이나 조물주의 영역인데, 이 영역을 인간이 침범하려고 한다면 그것이 가능하겠는가. 인지(人智)가 초능력적으로 고도화되어도 인간과 동물의 태아(胎兒)의 성(性)이 실험실의 줄기세포 연구로는 해결이 불가능하다고 본다. 만약에 태아의 남녀 성(性) 결정을 인간이 좌지우지한다면 그때는 신(神)이 진노(震怒)해서 인간에게 이변(異變)을 갖다 주거나 아니면, 신이 성(性)을 부여해 주는 자신의 몫을 포기할지도 모른다.

인간이 아무리 초능력적인 재주를 가진다 해도 이 '성(性)'의 영역까지 조물주(造物主)로부터 얻어오거나 뺏아오지는 못할 것이다.

이 '성(性)'에 대한 주장이 완전히 상반되는 학설(學說)도 있다. 맹자(孟子)의 「성선설(性善說)」과 순자(荀子)의 「성악설(性惡說)」이 그것이다.

맹자는 '사람은 착한 본성을 가지고 태어나서 생후에 욕심・욕망으로 인하여 점점 포악하게 된다.'고 했다. 『맹자』 공손추장구(工孫丑章句)에서 "어린아이가 실족하여 우물에 빠져드는 것을 보면 누구나 소스라치게 놀라고 몹시 측은한 마음을 가진다.(乍見孺子將入於井 皆有怵惕惻隱之心)"고 했는데, 측은히 여기는 마음 즉 인(仁)은 사람이면 누구나 동일하게 가지고 있다는 것이다. 이런 관점으로 볼 때 사람은 누구나 이미 착한 선성(善性)을 가지고 태어났다는 것이다. 이것이 「성선설(性善說)」이다. 서양에도 「성선설」을 뒷받침하는 말이 있다. "인간의 성(性)은 선(善)이다.(All men are born good.)"이라는 격언이 있다.

순자(荀子)는 '인간이 본래는 악하고 이(利)를 좋아하도록 태어났지만 생후에 예(禮)를 배워서 착하게 된다'는 「성악설(性惡說)」을 주장했다. 누구나 포악한 천성으로 태어났지만 생후에 교육과 도덕적 감화에 의해서 착하게 된다는 것이다.

맹자의 「성선설」과 순자의 「성악설」은 완전히 상반된다. 어느 학설이 맞고 안 맞는지는 어느 누구도 정답을 말할 수 없을 것이다. 마치 원초(原初)에 '닭이 먼저냐 달걀이 먼저냐?'는 질문의 대답처럼….

고자(告子)는 '사람의 본성은 처음부터 선(善)이라고도 악(惡)이라고도 할 수 없다'고 했다. 「성무선무악설(性無善無惡說)」을 주장했다.

불교에서는 '인심(人心)을 바로 보고 성(性)을 바로 알면 부처가 될 수 있다.(直指人心 見性成佛)'고 했다. 여기서 부처가 되는 것 즉 성불(成佛)이란 인간의 오욕(五欲)과 칠정(七情)에서 연유된 세속적(世俗的) 성상(性狀)에서 벗어나 완전히 초탈(超脫)하는 경지(境地)를 말하는 것이다. 다시 말해서 인간의 모든 번뇌(煩惱 - 108煩惱)로부터 완전히 벗어난 극락(極樂)·열반(涅槃)의 경지를 의미하는 것이다.

성(性)은 인간이 선천적으로 갖추고 지닌 소질이며 후천적·경험적 요소가 포함되지 않고 인위(人爲)를 가하지 않은 상태를 말하는 것이다. 세상에 70억 이상의 사람들이 얼굴이 똑같은 사람이 없듯이 성정(性情)이 똑같은 사람도 없다. 이 세상에는 성군과 폭군, 성인(聖人)과 범인(凡人), 선인과 악인, 후덕인(厚德人)과 사악인(邪惡人), 인성인(人性人)과 수성인(獸性人) … 등 수많은 성상(性狀)이 있다. 이 성(性)에 대한 정의(正義)·정설(定說)을 말할 수 있는 사람이 누가 있겠는가.

서양에서는 성(性)을 '천연·자연'이란 의미의 네이처(nature)란 말로 쓴다.

음양의 성(sex) 말고는 성(性)은 인간에게만 국한된 영역인 것이다. 어쨌든, 성에 대하여 인간이 판단하거나 정의(正義)를 내리는 것이 허용되지 않는다. 성은 우주 만상(萬象)의 심오한 이치(理致)이다.

천부적으로 받은 성(性)을 훌륭하고 아름답게 잘 길러서 유지하는 것이 존심양성(存心養性)이다.

의(義)

'의(義)'라는 말은 정의(正義)라는 뜻 즉, 옳은 일을 의미하는 개념으로 쓰인다. 반대의 뜻은 불의(不義)다. 떳떳하면서 누구에게도 부끄럽지 않은 일은 '의(義)'에 해당된다.

맹자의 사단(四端 - 仁義禮智) 중에 '의(義)'에 대한 내용을 보면 "부끄러움을 아는 마음 즉, 수오지심(羞惡之心)이 의(義)의 단초(端初)"라고 했다. 부끄러워하는 마음 수치심(羞恥心)을 의식하고 있는 사람은 옳지 않은 일 즉, 불의(不義)를 자행하지 않는다. 남의 손가락질 받을 창피한 일을 하지 않는다는 말이다.

사회에는 '의(義)'의 원의(原意)에 맞지 않은 말들이 많이 오용(誤用)되고 있다. 종교 단체나 정치 집단 또는 사회 단체에서 '정의구현○○○', '정의○', '정의실천○○' 등의 명칭으로 '정의'를 표방하는 말을 많이 쓰고 있다. 이런 경우의 정의는 편협 · 편향된 의미이다. 자기네 주장은 정의이고 상대방의 주장은 불의라는 것이다. 이런 의미의 정의는 본질적 정의가 아니다.

본질적 의미의 정의는 세상의 천태만상에 통념(通念)으로 적용되는 개념이어야 한다.

맹자는 '호연지기(浩然之氣)'라는 성어(成語)를 매우 깊이 있게 설파(說破)했다. '호연지기'는 '정의(正義)의 행동이 거듭됨에 따라 생기는 자신(自信)과 박력(迫力)에 찬 원기(元氣)'라는 뜻인데, 『맹자』 공손추장구(公孫丑章句)에서 "호연지기는 정의가 모여서 생겨나는 것이지 정의가 밖에서 엄습(掩襲)해 와서 만들어지는 것이 아니다.(浩然之氣 集義所生者 非義襲而取之也)"라고 했다. '호연지기'는 정의로운 마음과 행동이 내적으로 안에서 거듭되어 모일 때 생기는 기운(氣運)이지, 밖에서 드러내 놓고 외면적으로 정의로운 것처럼 보이게 하는 것은 호연지기가 아니라는 것이다.

흔히들 높은 산정(山頂)에 올라가 넓은 시야를 바라보면서 가슴을 열고 공기를 깊이 들이마시며 마음의 폭을 넓히면 호연지기가 생긴다고 하는데, 호연지기는 그런 게 아니다. 호연지기는 마음 속에 부정(不正)과 불의(不義)가 없이 깨끗하기만 하다면 좁은 방 안에 있어도 자신과 박력에 넘쳐 한 점의 비렬감(卑劣感) 없이 당당한 기운이 샘솟을 것이다. 이것이 '의(義)가 모여서 생기는 것 집의소생(集義所生)'이라는 것이다. 정의에 뿌리를 두지 않고 명칭만 '정의구현○○○'식으로 표방하는 것은 마치 잔인한 독재를 자행하는 북한 공산집단이 그 명칭만은 '조선민주주의공화국'라고 위장한 것과 무엇이 다른가. '붕어빵'에 붕어 없고 '국화빵'에 국화 없는 것과도 같다.

'의(義)·정의(正義)'라는 것은 인간 사회의 본질적 규범이다, 이것이 아니면 비인간적 사회이다. 공자(孔子)가 『논어(論語)』에서 "군자는 정의를 가장 으뜸으로 여긴다.(君子義以爲上)" 하고, "군자가 용맹하기만 하고 정의감이 없으면 난을 일으키게 되고, 소인이 용맹하기만 하고 정의감이 없으면 도둑질을 하게 된다.(君子有勇而無義 爲亂 小人有勇而無義 爲盜)"고 말했다.

또 공자가 "이(利)를 보면 의(義)를 생각하고, (나라에) 위태로운 경우를 보면 목숨을 바쳐라.(見利思義 見危授命)"고 했다. 여기서 생각해 볼 것은 견리사의(見利思義)이다. 자기에게 유리한 것 즉, 이익이 되는 것을 접했을 때에는 어떻게 하는 것이 옳은 일인가를 생각해 보라는 뜻이다. 어떻게 하는 것이 정의인가를 판단해 보라는 것이다. 이렇게만 한다면 소위 부정, 부패, 비리라는 것이 발 붙이지 못할 게 아닌가.

의(義)!! 이 말은 인간의 양심을 일깨워 요동치게 하는 단어이고, 정의(正義)!! 이는 심성(心性)에 있어서 지고(至高)·지선(至善)의 최고지표(最高指標)이다.

국민의 뜻에 반(反)하지 않은 법치(法治)는 천심(天心)을 따르는 정의(正義)이고, 민심을 이반(離反)한 비민주적 통치는 불의(不義)이다. 스포스맨십(sportsmanship)에 입각한 패어 플레이(fair play)는 정의이고, 그 반대는 불의이며, 원칙과 규칙을 바르게 지키는 회의 진행은 정의이고, 불법을 합법으로 위장하여 교묘히 진행하는 회의는 불의이며, '목소리 큰 사람 말이 옳은 것처럼 들리게 되는 것'도 정의는 아니다.

다중(多衆)이 객관적으로 옳다고 인정하는 것이 정의이지, 개인적 주장이나 독단(獨斷)·독천(獨擅)은 정의가 아니다.

예 절

— 예절은 문화 국민의 필수 요건 —

<2000.「월간 교육타임스」8월호 게재>

예의(禮儀)와 범절(凡節)을 합한 말이 예절(禮節)인데, 이 예절은 단적으로 말해서 '사람임'의 기본 요건이다. 동물(짐승)은 예절이 없다. 사람으로 태어나서 예절을 지키지 않으면 이는 짐승과 같다. 이 지구상 어디나 사람이 사는 곳이면 그 집단 나름대로의 예절이 있다. 미개한 아프리카 토인이나 북극의 에스키모 사회에도 엉성하나마 그들 나름의 예절이 있다. 그들도 사람이기 때문에 예절이 있는 것이다.

예절은 윤리 도덕에 바탕을 둔 생활 규범이다. 가정과 사회에서 부모와 자식간, 상사와 동료간, 남녀간, 연장·연하간 등의 예절은 누구나 피할 수 없는, 피해서도 안 될 생활 규범이다. 또, 관혼상제(冠婚喪祭)의 가정의례도 이 세상 인간 사회이면 반드시 나름대로의 형식을 갖추어 행해지고 있다.

그런데, 우리나라는 동방예의지국(東方禮儀之國)이라 일컬어졌었지만, 지금은 그 말이 없어진 지가 오래이고, 한국은 예절의 뿌리조차 없는 나라처럼 변해가고 있다. 관혼상제례는 물론이고, 언어 예절, 인사 예절, 식사 예절, 복식 예절, 직장 예절 등 어느 것 하나 '우리 것'이라고 제대로 남아 있는 예절이 없다. 영·미식도, 중국식도, 일본식도 아닌 예절이 혼류하는 데다, 기독교식이니, 불교식이니 천도교식이니 해서 각각 따로 행해지고 있다.

흔히들, 유교식 예절은 봉건적이고 복잡하고 까다롭다고 하여 소위 '왕따'의 대상으로 치부한다. 유교식 전통 예절이 복잡하고 까다로운 것만은 사실이고, 그 폐해 또한 인정 아니 할 수 없다. 우리 전통 예절을 '왕따'시키는 것은 좋다고 하자. 그렇다면, 복잡하고 까다롭지 않은—누구나 쉽고 편하게 지킬 수 있는 예절의 모델이라도 만들어 주어야 하지 않겠는가.

지구상의 어느 나라든지 고유 예절 · 고유 의식이 있는 걸로 아는데, 반만년의 역사를 자랑하는 우리 한국에서는 어찌하여 고유 예절과 의식(儀式)을 버리고, 서양식도 동양식도 아닌, 국적 없는 얼치기 예절로 국민 의식을 혼란케 하는가. 정히 유교식이니 한국식이니 하는 예절이 싫으면, 미국식 · 중국식이든, 아니면 기독교 · 불교식이든, 또는 혼합형이든 뭐든지 한국민이면 누구나 긍지와 자부심을 가지고 지킬 수 있는, 일정한 패턴을 제시해 주어야 하지 않겠는가 말이다. 사생결단하듯 그렇게도 고집불통으로 우기던 유교식 관혼상제례도 지금 무엇 하나 제대로 전수되고 있는가. (그대로 전수될 수도 없고 전수되어서도 안 되겠지만.) 어디까지를 버리고 어디까지만 지켜야 된다는 기준 같은 것은 찾아볼 수 없고, 마치 박살난 고려 자기의 파편 한 조각씩만 가지고 따로따로 노는 상황처럼 되고 말았으니 말이다. 과거에는 '가가례(家家禮)'라는 것을 인정하여 어느 정도의 차이는 있었으나 그래도 예절은 지켜졌다. 그러나, 오늘날에는 예절과는 너무 거리가 멀고 망신스런 의식(儀式)도 버젓하게 보란 듯이 행해지고 있다. '내가 내 식으로 하는데 누가 뭐랄 거냐'는 식으로 하는 것은 '가가례'가 아니고, 개인적으로나 사회적 · 국가적 입장에서 이것은 분명히 '망신례(亡身禮)'인 것이다.

예절 전문 교육원이라는 일부 법인 단체에서도 전통 예절을 원형 그대로 전수하고 있다. 전통 예절을 보존한다는 취지라면 납득이 가지만, 그래도 예절 교육원이라면 현대 생활에서 바르게 실천할 수 있는, 견본적 방법을 제시해 주어야 한다. 복잡하고 까다롭고 현대 생활에 너무나 맞지 않는 전통 예절을 소개하는 데 그친다면, 예절 교육원의 존재 의미는 없다고 본다. 예절 교육원은 현대인들이 누구나 부담 없이 실천할 수 있는 '표준 예절' 같은 것을 제시하여, '현대식 한국 예절'을 재정립(再定立)하든지, 아니면 예절 생활에 대한 계도(啓導)라도 제대로 해야 한다. 그렇지 않고, 전통 예절 원형의 전수·답습에만 머물러 있으면, 오히려 거부감만 증대시켜 예절 실천의 역효과만 조장할 우려가 있다.

예절은 인간적 자부심이요, 국민적 긍지이다. 세계화 물결로 문화가 아무리 혼합되어도 나라는 존재하고, 국민은 있기 마련이다. 나라가 있는 한, 그 나라의 국민이면 누구나 '우리도 이런 것이 있다.' 할 정도의, 최소한의 기본 예절은 보존돼야 한다. 그래야만 국민 동질 의식도 살고 자부심도 생기는 것이다.

'동방예의지국'임을 자랑하던 우리나라가 동방무례지국(東方無禮之國)으로 전락한다면, 어찌 우리가 문화 민족이라 자부할 수 있겠는가. 수준 높은 예절의 나라는 못 되더라도 문화 국민으로서의 자긍심(自矜心)을 가질 정도는 되어야 한다.

문화 국민 요건의 제1순위가 예절이다. 예절의 나라 문화 국민이라면 전통 있는 예절의 생활화가 무엇보다 필수 요건이 아니겠는가.

충신(忠臣)과 간신(奸臣)

충신과 간신이란 말은 임금이 나라를 다스리던 전제군주(專制君主) 시대의 용어이지, 임금이 없는 현대에는 비유적으로는 쓸 수 있지만 개념적으로는 맞지 않다.

과거 시대의 개념으로 충신은, 왕에게 충성하는 충신과 나라에 충성하는 충신으로 나누어 생각할 수 있다.

왕에 대한 충성이 나라에 대한 충성이 되기도 하지만, 주로 군주(君主)를 대상으로 하여 충성하는 것이 전부였다. '충신은 두 임금을 섬기지 않는다.(忠臣不事二君)'는 말이 절대적・경전적(經典的) 경구(警句)이다. '두 임금을 섬김(事二君)'은 역적(逆賊)이다. 정몽주(鄭夢周)와 고려말 두문동 72현(杜門洞七十二賢)과 조선조 세조 때 사육신(死六臣) 등이 불사이군(不事二君)의 충신이다.

현대는 임금을 위해서가 아니고 나라를 위해 목숨을 바치는 충신이 더 뜨거운 충성의 열사(烈士)이다. 순국열사(殉國烈士) 급의 충신은 무수히 많다. 임진왜란 때 남은 배 12척으로 누란의 위기(累卵之危)에서 나라를 구한 충무공 이순신(李舜臣), 병자호란 때 호국(胡國) 청나라 사신(使臣)을 "죽여서 물리치자."고 주장하다가 심양(審陽)에 잡혀가 청황제(淸皇帝) 앞에서 "하늘에 해가 둘일 수 없다(天不在二日). 어찌 너에게 충성을 하라고 강요하느냐!?"고 추상(秋霜) 같은 충의지절(忠義志節)로 항거하다가 악형(惡刑)을 당해 순국한 충신열사(忠臣烈士) 홍익한(洪翼漢), 윤집(尹集), 오달제(吳達濟) 삼학사(三學士)가 있다. 홍익한은 사헌부 장령(掌令)이었는데, 당시 호란(胡亂)으로 하여 평양 수장(首長) 부임을 꺼리는 판국에 자원(自願)해서 평양 서윤(庶尹)에 임명받고 북방(北防)에 힘쓰다가 심양에 끌려가 의연(毅然)히 순국(殉

國)하였다.

1895년 을미사변(명성황후 민비 시해) 때 충북 제천 의병 전투에서 왜병(倭兵)을 무찌르다가 의열(義烈)하게 산화(散華)하여 살신성인(殺身成仁)한 홍사구(洪思九) 열사, 을사늑약(乙巳勒約)에 비분강개(悲憤慷慨)하여 할복자결(割腹自決)한 이준(李儁) · 민영환(閔泳煥) 열사, 일제 강점기 3·1 의거 당시 천안 봉기(蜂起)의 선봉(先鋒)으로 비참하게 옥사한 유관순(柳寬順) 열사, 중국 상하이에서 도시락 폭탄 투척으로 일본 감옥에서 처형당한 윤봉길(尹奉吉) 의사, 중국 하얼빈에서 이등박문을 저격하고 채포되어 감옥에서 순절(殉節)한 안중근(安重根) 의사 등은 살신구국(殺身救國)의 의 · 열사(義 · 烈士)들이다. 이들은 군주나 통치자의 측근 고관(高官)도 아니었지만, 오로지 국가와 국민을 위한 구국안민(救國安民)의 숭엄(崇嚴)한 정신으로 살신성인(殺身成仁)하였다. 이는 불사이군(不事二君)의 대군주(對君主) 충성이 아니고, 국가와 국기(國旗) · 국민을 위한 위국충성(爲國忠誠)이다.

간신(奸臣)은 군주나 국가에 대한 임무감(任務感)의 진정성(眞情性)이 없고, 매사를 자기의 사리사욕(私利私慾)에 초점(焦點)을 두고, 공익(公益)은 등한시(等閑視) · 도외시(度外視)한다. 때로는 군주나 국가에 위해(危害) 되는 일도 서슴지 않는다.

충신은 멸사봉공(滅私奉公) · 선공후사(先公後私)를 하지만, 간신은 선사후공(先私後公) · 사욕우선(私慾優先)에 치중한다.

역대 통치자나 정치인 치고 진정으로 국가와 국민, 국기(國旗)를 위하여 살신성인(殺身成仁)할 수 있는 사람이 있었겠는가. 말로는 국가와 국민을 개인 또는 집단의 홍보 · 선전용으로 이용만 했지, 실제는 국민의 표(票)를 얻기 위한 표놀음 술책에 불과했다. 필요하면 '국민'을 팔면서 국기에 대한 경례와 애국가 제창도 거부하는 집단이 충성심은커녕 무슨 국민의 자격이라도 있다고 보겠는가.

정권을 탐하는 것은 민주국가에서 당연하다고 하겠다. 그러나, 국기(國基)를 흔들고, 애국가를 인정하지 않으면서 정권을 잡아 태극기를 내리고 다른 기(旗)를 올릴 수는 없지 않은가. 통치자는 임기 동안 국민의 표를 의식한 '표놀음'에 빠지지 말고 오로지 국가와 국민을 위해 전력투구(全力投球)하는 마음으로 헌신(獻身)하여 살신성인하면 온 국미들의 박수는 저절로 터져나올 것이다.

현대의 충신은 호국(護國)의 순국선열(殉國先烈)들과 국위선양(國威宣揚)에 매진하는 역군(役軍)들이 아니겠는가. 충신은 거부(拒否)·거절(拒絶)·항거(抗拒)를 하는 게 아니고, 정의(正義)·정도(正道)에 입각한 직언(直言)을 하는 애국자이다.

영어에 '예스 맨(Yes man)'은 지당대신(至當大臣)이고, '노 맨(No man)'은 직언하는 사람 충신이다. 몰지각한 딸의 '땅콩 리턴(return)' 사건으로 골수통(骨髓痛)을 맛본 어느 항공사 사장이 'No! 할 수 있는 기업 문화'를 강조한 것도 충의지절(忠義志節)의 진수(眞髓)를 말한 것이다.

3·1절 기념식

제81주년 3·1절이다. 각계 각층에서 미리 정해진 사람들이 기념식에 참석하도록 되어 있었다. 나도 교직의 신분으로 그 중에 들어 있었다. 시작 20분 전까지 입장하게 되어 있길래 맞춰 간다고 전철을 타고 광화문역에 내렸다. 세종문화회관 대극장의 지정된 입구를 찾았다. 입장권을 보이고 금속탐지문을 통과하여 2층으로 올라가 좌석에 앉았다.

초대형 태극기가 정면에 걸렸고, 그 앞 단상에는 대통령 내외의 좌석을 중앙 앞 자리로 하고 뒤쪽 양편에 요인석을 마련해 두었다. 단 아래 앞 자리엔 악단이 대기해 있고, 기념식 주관 부서 요원들의 발길이 분주히 움직인다.

식장을 꽉 메운 참석자들은 시작 시간을 기다리고 앉아 있다. 50년 전 3·1절 기념식 광경이 단상 뒷면 자막 위를 스치면서 내 머리 속에 떠오른다. 국민학교 시절, 3·1절날이면 공부(수업)는 하지 않지만 기념식은 꼭 거행했다. 날씨는 쌀쌀한데, 기념식에 늦을세라 손을 호호 불며, 3km의 시골길을 달려가 3·1절 노래를 부르고 만세삼창을 한 기억이 있다.

중·고등학교 때는 읍내에 있는 중·고교 학생들이 전교직원들의 인솔로 읍내에서 제일 큰 국민학교 운동장에 모이고, 군수, 경찰서장, 읍장과 유지들이 참석한 가운데 3·1절 기념식을 성대히 거행했었다.

그러다가 언제부터인가 기관단체별로 갖는 기념식은 폐지되었다. 3·1절 기념식뿐만 아니라, 광복절, 한글날 등의 기념식도 중앙에서

만 거행키로 되었다.

추측컨대, 5·16 군사 정권 이후 데모(시위)에 골치 앓은 나머지 집회를 막기 위한 원천적 수단으로 기관 단체별 기념식을 없앤 것이 아닌가 생각된다. 그렇다면, 데모의 요인이 없어진 문민 정부, 국민 정부에서는 기관 단체별 기념식을 부활해도 될 법하지만….

단상의 요인석 참석자들이 들어와 앉는다. 목에 훈장을 건 사람도 상당히 있다. 독립 유공자들이다. "대통령 내외분이 입장하시면 모두 일어나 박수로 환영해 주시고, 자리에 앉으시면 다 함께 앉아 주시기 바랍니다"라는 사회자의 안내 당부가 있고 나서, 잠시 후 대통령 내외가 입장했다. 참석자들은 모두 사회자의 당부 말대로 했다.

이윽고 식이 진행됐다. 애국가를 4절까지 부르고, 대통령의 기념사를 듣고, 만세 삼창을 했다.

대통령의 기념사는 3·1정신을 되살려서 계승하자는 의지를 보여주는 대목은 적고, 자기 업적의 찬양과 정치 상황에 대한 견해를 3·1정신에 기대어 호소하는 듯한 느낌이 들어, 3·1절 기념식이 마치 정치 연설장 같다는 인상을 지울 수가 없다. 60년대 이래 3·1절 기념식에 국가 원수인 대통령이 참석한 경우를 보지 못하다가 현 김대중 대통령은 두 번째나 참석하기에 '이제 국가 원수가 3·1정신을 바로 알고 제대로 인식시키게 되겠구나' 하는 기대를 가졌던 나로서는 3·1정신에 관한 한 '역시 아니로구나' 하는 생각을 떨칠 수가 없다.

만세 삼창 순서다. 만세를 부르면서 3·1운동 때의 만세와 지금의 만세를 비교해 보았다. 당시의 만세는 사경(死境)에서 부르짖는 생존의 요구이고, 절망의 동토(凍土)에서 독립을 하려는 처절한 절규(絶叫)였는데, 지금의 만세 삼창은 기념식 순서를 진행하기 위한 단순한 식순에 불과하다.

3·1운동은 침략 외세로부터 독립과 자주, 평화와 민주를 쟁취하여 인도적 정의를 구현하자는 민족의 정당한 요구였다. 따라서, 3·1 정신은 국가와 주권 수호의 원천적 지표이다. 3·1정신은 우리 민족 정기와, 한국 정신의 표출이다. 3·1정신은 선비 정신과 맥락을 같이 하는 국민적 횃불이다. 3·1정신은 우리 국민 정신의 이념적 지주(支柱)로 삼기에 조금도 손색이 없다.

이토록 숭고한 3·1정신이 광복 후 지금까지 정치의 그늘에 가려진 채 역사의 뒤안길에 밀려나 있는 오늘의 현실을 실로 개탄하지 않을 수 없다. '3·1정신'이 뭐냐고 물으면, 신세대 사람들은 그저 '노는 날', 아니면 '일제 때 독립 운동 한 날' 정도로만 아는 사람들이 많다. 나는 순국 선열에 대해 묵념을 올리면서 어쩐지 송구스런 마음을 금치 못했다.

3·1정신! 나라를 잃고, 살육(殺戮)의 공포와 절망의 황야에서 빼앗긴 주권을 되찾자고 분연히 궐기한 우리 선인들의 민족혼! 우리 민족이 자주와 민주 정신을 만천하에 드러내 일깨워 준 이 '3·1의 얼'이야말로 자자손손 만대까지 계승 발전해야 할 우리 한국민의 자존심이 아니겠는가.

인파에 밀리면서 식장을 나서니, 별 세 개짜리 육군 장성 번호판을 단 군용 승용차가 군중 속을 비집고 인도를 지나 빠져나간다. '대통령, 장관차도 아닌데…, 차도에서 '별'을 모셔도 될 건데…, 적어도 3·1절 기념식에 온 지도자라면…' 생각하며 광화문 4거리로 나왔다. 충무공 동상이 내려다 보고 있다. 5호선 전철역으로 가다가 발걸음이 교보 문고로 들어갔다. 진열대에서 수필집을 들추다가 법정 스님의 「물소리 바람소리」를 사 들고 전철을 탔다.

군자(君子)와 소인(小人)

군자(君子), 대인(大人), 선비는 같은 개념의 말이고, 그 반대는 소인(小人)이다. 군자는 외모, 체격, 관상, 학벌, 학력, 지식 등과 관계되는 말이 아니고 본질적인 개념은 덕성(德性)에 기준을 둔다. 지식만 많고 학력 · 학벌이 좋은 사람은 지식인(知識人)이고, 많은 지식에다 덕성을 함양한 사람은 지성인(知性人)이다. 지성인이라고 다 군자는 아니지만, 군자라면 지성을 기본 요건으로 하고 고수준(高水準)의 덕성을 요구하는 것이다.

일반적으로 '군자'라는 말도 많이 쓰지만, 실제로는 '성인군자(聖人君子)'라는 말이 실감을 준다. 요 · 순왕(堯·舜王)과 공 · 맹자(孔 · 孟子)를 비롯해서 역대 성현(聖賢)들과 지고지상(至高至上)의 종교 성직자(聖職者)들, 순국선열(殉國先烈)들을 이르는 말로 생각해 본다.

공자(孔子)가 『논어(論語)』에서 "人不知而不慍 不亦君子乎? (인부지이불온 불역군자호? : 남이 나를 알아주지 않아도 노여워하지 않으니 역시 군자가 아니겠는가?)"라고 군자의 진의(眞義)를 말했고, 또 "군자는 화합은 하되 뇌동하지 않으나 소인은 부화뇌동(附和雷同)만 하고 화합하지는 못한다.[君子和而不同 小人同而不和]"고 했고, 또 "군자는 두루 통하면서 편당적이지 않지만, 소인은 편당적일 뿐 두루 통하지 못한다.[君子周而不比 小人比而不周]"라고 하여 군자와 소인의 본의(本義)를 확실히 구별했다.

군자는 선비이다. '선비'라는 어휘는 우리 고유어(固有語)이다. 한자에는 '선비 사(士)'와 '선비 유(儒)'가 주로 쓰인다. 선비는 중국에 뿌리를 두고 있겠지만, 선비 정신은 우리나라 특유의 정신으로 귀화됐다고 생각한다. 선비 정신은 신라 화랑 정신에서부터 역대 충신열사(忠臣烈士), 애국지사(愛國志士), 순국선열에 이르기까지 수많은 선비들에 의해서 발현(發顯)됐다. 중국의 선비 정신이 유입된 후 마치 귀화식물처럼 우리 한국 특유의 '선비'라는 말과 아울러 그 정신이 생성되었다고 본다. 여기에서 멸사봉공(滅私奉公)·선공후사(先公後私)·살신성인(殺身成仁)·위국충절(爲國忠節) 같은 열사정신(烈士精神)이 현시(顯示)된 것이다. 이 선비 정신이 바로 군자·대인의 정신이 아니겠는가.

군자는 사리사욕(私利私慾)에 집착하지 않고 편협(偏狹)·편당적(偏黨的)이지 않으며, 대도(大道)·중용(中庸)의 길을 간다. 이런 길이 대도(大道)이고, 이 대도는 막힘이 없다고 하여 대도무문(大道無門)이라고 했는데, 이 길이 선비와 군자의 길이라고 한다. 선리후공(先利後公)을 택하는 소인(小人)은 선비·군자와는 반대편에 있는 사람이다.

오늘날 각계각층(各界各層)에 고학력(高學力)의 지식인, 전문인, 내로라 하는 학술·기술 분야의 학자들이 수없이 많지만, 선비·군자로 숭앙(崇仰) 받을 수 있는 사람이 과연 얼마나 있겠는가. 오늘날 지식인(知識人)은 많아도 지성인(知性人)은 적고, 정치인은 많아도 선비·군자는 적다고 한다. 선비·군자가 많아지면 국태민안(國泰民安)하다고 했다.

현대의 군자·대인은 사욕을 배제하고 공익을 앞세우고, 대의명분(大義名分)을 지키며, 국가와 국민을 위하여 몸을 던져 헌신하겠다는 투철한 정신의 애국 인사가 아니겠나 생각된다. 말로는 '국가와 국민을 위하여…' 라며 국민의 이름을 팔고, 실제는 정치적 표(票) 모으기의 꼼수에 매몰되어 이적·반국가 단체들과의 야합(野合)과 연대(連帶)도 불사(不辭)한다면 이들이야말로 군자와의 대척점(對蹠點)

에 있는 소인일 뿐 아니라, 국가와 국민에 암적 존재인 것이다.

나라에 수많은 인재 · 인사(人士)들이 있지만, 과연 군자와 소인 중 어느 부류에 속할까는 흥미 있는 관점이 될 것이라 생각된다.

양반(兩班) 문화와 갑(甲)질 행동

과거 양반과 상민의 신분 차별이 철폐된 것은 1894년 갑오경장(甲午更張)이다. 조선 왕조 시대에는 벼슬하면 일단 양반 신분이고, 그 벼슬의 직급 직위에 따라 양반의 등급이 정해지게 돼 있었다. 따라서 정승판서(政丞判書) 사대부(士大夫)와 그 이하의 관직이 있는데, 이 계보에 속해 있는 씨족은 다 신분이 양반이다. 양반 외의 신분은 상민(常民), 천민(賤民), 노예(奴隷) 등에 속해 있었다. 양반은 특별 · 귀족 신분인데 반해서 양반 아닌 상민 계급은 인격 · 인권을 무시당하고, 천민으로 하대를 받는 경우가 다반사(茶飯事)였다.

양반 중에는 덕성과 인성이 부족하거나 결여된, 소위 악덕의 지독한 양반(엉덩이에 뿔난 양반)도 있어서 지탄(指彈)의 대상이 되기는 했지만, 대다수의 양반들은 덕성과 도덕과 지성에 입각한 애 · 휼민(愛 · 恤民)의 인간미를 가지고 이웃과 교린(交隣)하며 지냈다. 양반이 적대 · 저주의 대상이 아니고 존경의 대상이 되기도 했다. 양반과 상민의 관계가 갈등관계가 아니고 상호존중의 관계였으며 상부상조의 관계였다. 반상(班常 : 양반과 상민)의 관계가 각박한 갈등의 관계나 부정적인 적대 관계도 아니고 어색한 분위기도 아니었다. 요즘 신조어(新造語)로 등장한 '갑을관계(甲乙關係)'나 '갑질 행동'과는 거리가 먼, 사람 냄새가 풍기는 정상적인 인간 관계였다.

과거 반상(班常) 문화 시대에 비하면, 지금은 정치적으로 민주화되어 권력의 억압이나 인권 탄압도 없고 신분의 차별도 없으며, 핍박(逼迫)을 참고 살았던 지난 시대에 비하면, 각종 복지(福祉)도 있고 해서 빈곤에서 탈출해 가고 있는 것이다.

문제는 상대적 빈곤과 박탈감, 양극화 의식이 여러 가지 부작용을 낳고 있는 일이다. 거기에다 황금만능의 배금주의(拜金主義)가 구시대 양반 문화와는 동떨어진 '현대판 양반'을 만들어 놓았다. 만인 평등의 현대 사회에 난데없이 갑질로 신분을 보상(補償) 받으려는 '금력(金力) · 금권(金權) 양반'이 다양하게 출현하여 정상민(正常民)들의 마음을 불편하게 하고 있다.

양반 문화는 폐해가 많았던, 있어서는 안 되었던 봉건 시대의 산물이었지만, 거기에는 개인보다 집단(集團), 이기(利己)보다 이타(利他)에 비중이 있었고, 확실한 전통성과 높은 도덕성에 초점이 있었다. 그러나, 오늘날의 '금권 양반'은 아무런 기준도 없이 야생 동물처럼 나타나서 물의를 일으키고 있다.

양반이 자기가 배 부르면 하인의 배 고픔을 모른다고 했다. 요즘 물질 · 황금 만능 시대 부유한 부모한테서 은수저를 물고 태어난 젊은이들이 자기도 모르는 부지불식간(不知不識間)에 '현대판 양반'으로 변신되어 갑질 행동으로 나타나는 것은 시대적 적폐(積弊)가 아닐 수 없다.

서로 상대방의 처지를 배려(配慮)하고 역지사지(易地思之)하는 예민문화(禮民文化) 의식이 절실히 요구된다.

그래도 지구는 돌아간다

<본인 저서 「숲 속의 소리」 게재 졸고(拙稿)의 후편>

지구는 북극과 남극을 꿴 지축(地軸)을 회전축으로 하여 하루에 1회, 1년에 365회 회전(자전)을 하고 있고, 앞으로도 영원히 회전을 계속할 것이다.

우주에는 태양을 중심으로 하여 수많은 행성(行星)들이 각자의 궤도(軌道)를 한 치의 오차도 없이 운행(運行)하고 있다. 이 무한대(無限大)의 우주 공간에 지구는 한 점에 불과하다고 볼 수 있다.

내가 살고 있고, 인류가 살고 있고, 만생명체가 살고 있는 이 지구는 그 생성 역사가 변해오는 동안 변화와 진화, 생성과 멸실, 천재(天災)와 지변(地變) 등 무쌍(無雙)한 격변이 연속되어 왔고 앞으로도 영원히 계속될 것이다.

자연에는 화산 폭발, 폭풍우, 해일 쓰나미 등의 대변환(大變換)이 연속되고, 인류에게는 시비(是非)·선악(善惡), 탐욕과 애증(愛憎), 화합과 갈등으로 인한 사건들이 연발하고 있다. 살인·강도, 강간·성폭행, 간통(姦通)과 엽기적 연쇄살인, 자살폭탄 테러, 전쟁과 대학살(大虐殺) 등 대형 사건 사고들이 끊이지 않는다.

물과 뭍 수륙양계(水陸兩界)에 존재하는, 사람 외의 생물들은 무자비한 약육강식(弱肉强食)이 자행되지만, 거기에는 자연의 법칙과 순리가 있다. 배가 고프지 않으면 상대를 해치거나 잡아먹지 않는다.

사람은 초식·육식, 생식·숙식(熟食)을 가리지 않고 무소불식(無所不食)이다. 식용 목적이 아니고도 살생이 계속된다. 인간을 가리켜 '지구상에서 가장 악명 높은 침략자'라고 한다는 것이다.

동물은 생식 기능의 행위도 우주 자연의 섭리에 맞춰서 생식 기간에만 이루어진다. 인간은 쾌락 충족 목적의 성행위에 시와 때가 없고, 성희롱 · 성추행 · 성폭행 · 강간이 끊이지 않는다.

이 지구 46억년 역사에 인간의 출현이 없었다면 우주 섭리와 자연 법칙대로 지구의 상태가 어떠한 손상도 없이 태고적 원시 상태로 유지됐을 거라고 추상해 본다. 그러나, 인간의 출현으로 하여 폭행, 살육(殺戮), 지상 · 지하 자원의 난개발(亂開發), 지구 온난화 등으로 하여 기후와 생태계가 자연의 원상태(原狀態)로 남아 있지 못하는 것이다.

지금도 활화산(活火山)이 뜨거운 마그마를 내뿜고, 허리케인 · 토네이도 같은 대형 태풍이 지상(地上)을 위협하고, 온난화로 녹아내리는 극지방의 빙하(氷河)가 쓰나미의 대재앙을 예고하며, 자살 폭탄테러 최악의 불량집단이 세상을 불안케 하고 있으며, 보유하고 있는 핵무기(核武器)들이 지구상의 인류를 위협하고 있다.

축복과 평화와 복지(福祉)를 추구(追求)함은 모든 종교의 공통 목표이지만, 지구상의 수많은 종교는 '종교 갈등 · 종교 전쟁'이란 개념으로 신도들과 인류에 안식(安息)이 아닌 불안(不安)을 가져다 주고 있다. 인류의 공동 목표를 추구해야 할 종교가 각자 자기 종파의 이익에 얽매인 종교 이기주의(religious nimby)에 빠져드는 것 같다.

이 지구가 천앙(天殃)과 인재(人災)로 하여 인간은 살아가면서도 항상 불안하지만, 그래도 지구는 돌아간다. 지구에 인간이 출현한 이래 침략과 전쟁의 무자비한 살육(殺戮)과 학살(虐殺), 천재(天災)와 질병으로 인한 대량 사멸(死滅) 등의 끔찍한 대재앙(大災殃)이 연속되어 왔지만, 그래도 지구는 돌아간다. 한 순간도 쉬지 않고.

만약에 지구가 회전을 멈춘다면 어떻게 되겠는가. 대변란(大變亂)과 만생명의 사멸(死滅)만이 초래되겠지. 지구의 회전은 만물 생성

(生成)의 원리요 법칙이다. 그래서 지구는 멈추지 않고 돌아간다. 간사하고 간교(奸巧)한 인간이 자연에 도전・정복하려 해도, 자연 법칙에 역행하고 자연을 위해(危害)해도 그래도 지구는 돌아간다. 돌아가 주기 때문에 지구와 생태계는 정상(正常)이다. 인간이 생태계를 아무리 파괴해도 그래도 지구는 돌아간다. 영원히, 영원히.

공존(共存)

지구상의 만물은 공존한다. 생물과 무생물이 공존하고, 동물과 식물이 공존하고, 동식물과 인간이 공존 · 공생한다.

1970년대 중반쯤에 조선일보 기사에 있었는데, 한국에서 뇌혈관(腦血管) · 뇌신경(腦神經) 계통의 독립 병원으로는 「청량리 뇌병원」이 원조(元祖)인 걸로 안다. 이 병원의 설립자이자 의사(醫師)이며 유명 수필가였던 고(故) 최신해(崔信海) 박사 <저명한 국어 국문학자로 연세대 교수였던 석학 고 한솔 최현배 박사의 자제> 의 칼럼이 생각난다.

"현재 우리나라 인구의 24% 정도는 정상인과 격리 수용해야 될 정도로 정신 질환적 문제점이 있는데, 어쩔 수 없이 정상인과 함께 생활하고 있다."

그 후 40년이 지난 오늘날에는 정신적 가치 기준이 물질적(物質的) 가치 기준에 가려져서 물질만능(物質萬能) 배금주의(拜金主義)의 풍조가 팽배한 현 시점에는 정신적 비정상인이 24%가 아니라 30%도 넘을지 모를 일이다.

오늘날 방송과 신문지상에 상상하기에도 끔찍한 사건들이 빈발하고 있다. 연쇄 성폭행 살인 사건, 토막 살인 · 존비속 살해 · 아동 학대 살해 사건, 분노 조절 장애자들의 묻지마 살인 행위, 유흥비 마련 강 · 절도 사건 등 잔인하고 비정상적 행태의 사건들이 세상을 불안하게 하고 있다.

삼강오륜(三綱五倫)이 살아 있고 생명의 존엄성이 중시(重視)되었던 과거 시대에는 인륜(人倫) 도덕이 인간 사회를 동물 세계와 다르게, 사람답게 인간미 나는 세상을 만들어 주었다.

동물 세계와 인간이 공존하는 것은 자연 법칙이요 순리이다. 동물은 약육강식(弱肉强食)・식물연쇄(食物連鎖 : food chain)의 법칙으로 생존하는데, 그들은 식욕 본능 즉, 배고픔이 아니고는 어떤 살생(殺生)도 하지 않는다. 포식자(捕食者)와 피포식자(被捕食者)와의 연쇄(連鎖) 관계가 순수한 자연순리(自然順理)로 이루어진다. 그러나, 인간은 식욕[생존] 본능이 아닌 다른 욕심[오욕(五慾)]의 충족을 위해서 강・절도, 살인 행위 등 잔악범죄(殘惡犯罪)를 저지른다.

어쩌면 지옥(地獄)이 저승에 있는 게 아니고 이승 인세(人世)에 와 있어 인간과 악마(惡魔)가 공존하고 있다는 생각이 든다. 실제 지옥이 어떤지는 모르지만, 비인간적이고 잔악한 인면수심(人面獸心)의 살상행위(殺傷行爲), 북한의 요덕 수용소와 공개처형, 이슬람 수니파의 자살폭탄 테러, 이슬람 IS의 공개 참수(斬首) 현장은 이것이 바로 지옥이 아니고 무엇이겠는가. 지난 사건이지만, 서울의 삼풍 백화점 붕괴 사건・뉴욕 쌍둥이 무역센터 빌딩 테러 붕괴・세월호 침몰 여객선 내부・지금의 중동 국가 내전(內戰) 현장 등이 실제 아비규환(阿鼻叫喚)의 지옥이 아니겠는가. 이 지옥이 지금 인간 세상 우리 곁에 가까이 와서 공존하고 있는 것이다.

세상 구세주(救世主)가 있는지 없는지는 모르지만, 있다면 원하지 않은 데도 인간과 공존하는 극악무도(極惡無道)한 지옥의 무리들을 분리・척결(剔抉)하여 인성이 충만한, 살맛나는 인간 세상으로 환원해 주었으면 하는 바람 간절하다.

지옥은 저승에만 있게 하고, 이승에는 사람만이 사람답게 살 수 있는 정상(正常)의 세상이 됐으면 하는 기원이 절실하다.

부록

애송 시·문

저자가 애·암송(愛·暗誦)하던
시·문(詩·文)

언어 예절

칭호 : 호칭과 지칭

☆ 시

산유화(山有花)

— 소월 김정식(素月 金廷湜) —

산에는
꽃 피네
꽃이 피네.
갈 봄 여름 없이
꽃이 피네.

산에
산에
피는 꽃은
저만치
혼자서 피어 있네.

산에서
사는
작은 새여
꽃이 좋아서
산에서 사노라네.

산에는
꽃 지네
꽃이 지네.
갈 봄 여름 없이
꽃이 지네.

윤사월(閏四月)

— 박목월(朴木月, 永鐘) —

송화 가루 날리는
외딴 봉우리

유사월 해 길다
꾀꼬리 울면

산지기 외딴 집
눈먼 처녀사

문설주에 기대어
엿듣고 섰다.

가시리

〈고려 가요〉

—작자 미상—

가시리 가시리잇고
바리고 가시리잇고,

날라난 엇지 살라 하고
바리고 가시리잇고,

잡사와 두어리마라난
션하면 아니 올셰라.

셜온 님 보내압노니
가시는 닷 도셔오소서.

진달래꽃

〈현대판 가시리〉

– 소월 김정식(素月 金廷湜) –

나 보기가 역겨워
가실 때에는
말 없이 고이
보내 드리오리다.

영변에 약산
진달래꽃 아름 따다
가실 길에
뿌리오리다.

가시는 걸음 걸음
놓인 그 꽃을
사뿐히 즈려 밟고
가시옵소서.

나 보기가 역겨워
가실 때에는
죽어도
아니 눈물 흘리오리다.

서시(序詩)

— 윤동주(尹東柱) —

죽는 날까지 하늘을 우러러
한 점 부끄럼 없기를
잎새에 이는 바람결에도
나는 괴로워했다.
별을 노래하는 마음으로
죽어가는 모든 것을 사랑해야지.
그리고
나한테 주어진 길을
걸어가야겠다.
오늘 밤에도 별이 바람에 스치운다.

산넘어 남촌에는

– 김동환(金東煥) –

산넘어 남촌에는
누가 살길래
해마다 봄바람이
남으로 오네.

꽃 피는 사월이면
진달래 향기
밀 익는 오월이면
보리 내음새

어느 것 한 가진들
실어 안 오리
남촌서 남풍 불 제
나는 좋대나.

〈「국문학사(國文學史)」의 고전 시가(詩歌) 〉

공후인(箜篌引)

〈한국 최초의 시가〉

— 고조선, 여옥(麗玉) —

님아 저 물을 건너지 마오. 公無渡河
님은 저 물을 건너다가 公竟渡河
빠져 죽었으니 墮河而死
내 어찌하리잇고. 當奈公何.

황조가(黃鳥歌)

〈최초의 우리말(고유어) 시가〉

– 고구려, 유리왕(瑠璃王) –

펄펄 나는 꾀꼴새는 翩翩黃鳥
암수가 정답구나. 雌雄相依
외로운 이 내 몸은 念我之獨
그 누구와 함께 돌아갈고. 誰其與歸.

구지가(龜旨歌)

— 가야국 집단(集團) 공동작 —

거북아 거북아 龜何龜何
내 목을 내어라 首其現也
내놓지 않으면 若不現也
구워서 먹을래. 燔灼而喫.

정읍사

— 백제, 작자 미상 —

달하 높이곰 도다샤
어긔야, 멀리곰 비치오시라.
어긔야, 즌데랄 드듸욜세라.

젼저제 녀러신고요.
어느히다 노코시라.

달하 높이곰 도다샤
어긔야, 멀리곰 비치오시라.

사모곡(思母曲)

— 고려, 작자 미상 —

호매도 날이언마라난
낫가치 들리도 없으니이다.

아바님도 어이어신마라난
어마님 같이 괴시리 없에라.

정과정(곡) [鄭瓜亭(曲)]

— 고려, 정서(鄭敍) —

내 님을 그리사바 우니다니
산접동새 난 이슷하요이다.
아니시며 거츠르신달
아으 잔월효성이 아라시리이다.
샬웃브져.
말힛마러신저.
아소, 님하
도람 드르샤 괴오쇼서.

청산별곡(靑山別曲)

— 고려, 작자 미상 —

살어리 살어리랏다.
청산애 살어리랏다.
멀위랑 다래랑 먹고
청산애 살어리랏다.

얄리얄리 얄랑셩 얄라리 얄라

우러라 우러라 새여.
자고 니러 우러라 새여.
널라와 시름 한 나도
자고 니러 우니노라.

얄리얄리 얄라셩 얄라리 얄라

처용가(處容歌)

– 신라 향가, 처용 –

새벌 발기 다래
밤드리 노니다가
드러사 자리 보곤
가라리 네히러니
둘흔 내해엇고
둘은 뉘해언고
본디 내해언마라난
앗아날 엇디하리잇고.

〈고시조〉

—학창 시절 시조 100수 외우기 놀이하며 왼 작품—

(각 수의 초장만 수록)

❀ 태산이 높다 하되 하늘 아래 뫼이로다. (양사언 작)
❀ 이 몸이 죽어 가서 무엇이 될고 하니 (성삼문 작)
❀ 이런들 어떠하며 저런들 어떠하리 (이방원 작)
❀ 오백 년 도읍지를 필마로 돌아드니 (길재 작)
❀ 이고 진 저 늙으니 짐 풀어 나를 주오. (정철 작)
❀ 반중 조홍감이 고와도 보이나다. (박인로 작)
❀ 한 손에 가시를 쥐고 또 한 손에 매를 들고 (우탁 작)
❀ 이화에 월백하고 은한은 삼경인 제 (이조년 작)
❀ 청산리 벽계수야 수이 감을 자랑 마라 (황진이 작)
❀ 백설이 잦아진 골에 자난다 누웠난다 (임재 작)
❀ 흥망이 유수하니 만월대도 추초로다. (원천석 작)
❀ 묏버들 갈해 것거 임의손데 보내오저 (홍랑 작)
❀ 풍상이 섯거친 날에 갓피온 황국화를 (송순 작)
❀ 삭풍은 나무 끝에 불고 명월은 눈 속에 찬데 (김종서 작)
❀ 한산섬 달 밝은 밤에 수루에 혼자 앉아 (이순신 작)
❀ 말 없는 청산이요 태 없는 유수로다. (성혼 작)
❀ 청산도 절로절로 녹수라도 절로절로 (송시열 작)
❀ 가마귀 우는 곳에 백로야 가지 마라 (정몽주의 모 작)

❀ 가마귀 검다 하고 백로야 웃지 마라 (이직 작)

❀ 어버이 살아신 제 섬기기 다하여라 (정철 작)

❀ 철령 높은 봉에 자고 가는 저 구름아 (이항복 작)

❀ 오늘도 다세거다 호메 메고 가자스라 (정철 작)

❀ 성불사 깊은 밤에 그윽한 풍경 소리 (이은상 작)

❀ 이 골 저 골 물을 건너고 또 건너니 (이병기 작)

❀ 백담에 고인 물이 물마다 거울일레 (이희승 작)

❀ 동창이 밝았느냐 노고지리 우지진다. (남구만 작)

❀ 오면 가랴 하고 가면 아니 오네. (선조왕 작)

❀ 잘 가노라 닷지 말고 못 가노라 쉬지 마라. (김천택 작)

❀ 녹이상제(綠耳霜蹄) 살찌게 먹여 시냇물에 씻어 두고 (최영 작)

❀ 내 벗이 몇이냐 하니 수석과 송죽이라. (윤선도 오우가)

* 구름빛이 좋다 하나 검기를 자로 한다.
* 꽃은 무슨 일로 피면서 쉬이 지고
* 더우면 꽃 피고 추우면 잎 지거늘
* 나무도 아닌 것이 풀도 아닌 것이
* 작은 것이 높이 떠서 만물을 다 비추니

용비어천가(龍飛御天歌)

해동 육룡이 나라샤 일마다 천복이시니 고성이 동부하시니

海東六龍飛 莫非天所扶 古聖同符

불히 기픈 남간 바라매 아니 뮐새 곶 됴코 녀름 하나니.

根深之木 風亦不杌 有灼其華 有蕡其實

새미 기픈 믈은 가마래 아니 그츨새 내히 이러 바라래 가나니.

源遠之水 旱亦不竭 流斯爲川 于海必達

훈민정음 서문(訓民正音序文)

나랏말씀이 듕귁에 다라 이런 젼차로 어린 백셩이 니르고져 홀 배 이셔도 마참내 제 뜨들 시러 펴디 못할 노미 하니라. 내 이를 위하야 어여비 너겨 새로 스믈 여듧 자를 맹가노니 사람마다 해여 수비 니겨 날로 쓰메 편안케 하고자 할 따라미니라.

國之語音 異乎中國 故 愚民有所欲言 而終不得伸其情者多矣 予 | 爲此憫然新制二十八字 欲使人人易習便於日用耳.

기미독립선언문(己未獨立宣言文)

〈서두 일부〉

오등(吾等)은 자에 아(我) 조선의 독립국임과 조선인의 자주민임을 선언하노라. 차(此)로써 세계 만방(萬邦)에 고(告)하여 인류평등(人類平等)의 대의(大義)를 극명(克明)하고, 차로써 자손만대에 고(誥)하여 민족자존(民族自存)의 정권(正權)을 영유(永有)케 하노라. …….

〈한시(漢詩)〉

산중문답(山中問答)

– 당(唐), 이백(李白), 칠언절구(七言絶句) –

問余何事栖碧山　무슨 일로 산에 들어왔냐고 묻기에
笑而不答心自閑　대답 않고 웃기만 하니 마음 절로 하가롭네.
桃花流水杳然去　복사꽃잎 물 위에 저만치 떠내려가니
別有天地非人間　인간의 세상이 아니고 별천지로다.

여산폭로(廬山瀑布)

– 이백(李白), 칠언절구 –

日照香爐生紫煙　향로봉에 해 비치어 연무 붉으니
遙看瀑布掛前川　저 멀리 폭포는 앞 내에 걸려 있고
飛流直下三千尺　공중에 날아 떨어지는 물 삼천 척이니
疑是銀河落九天　높은 하늘에 은하수인가 의심되네.

강설(江雪)

– 당, 유종원(柳宗元), 오언절구 –

千山鳥飛絶　산이란 산엔 나는 새 자취 없고

萬逕人踪滅　길에는 사람 흔적 볼 수 없네.
孤舟簑笠翁　한 척 배에 도롱이 쓴 늙은이
獨釣寒江雪　눈 덮힌 얼음 깨고 고기를 낚네.

사시(四時)

― 동진(東晋), 고개지(顧愷之), 오언절구 ―

春水滿四澤　봄의 물은 못마다 가득하고
夏雲多奇峰　여름 구름은 기이한 봉우리도 많네.
秋月揚明輝　가을 달은 휘영청 밝아 오르고
冬嶺秀孤松　겨울 산꼭데기엔 외로운 소나무가 우뚝하네.

절구(絶句)

― 당, 두보(杜甫), 오언절구 ―

江碧鳥逾白　강물이 푸르니 새 더욱 희고
山青花欲燃　산이 푸르고 꽃 빛이 불타네.
今春看又過　올봄이 보니까 또 지나가니
何日是歸年　어느 날에 이 돌아갈 해인고.

고도호총마행(高都護驄馬行)

— 당, 두보, 칠언고시(七言古詩) —

安西都護胡青驄 聲價欻然來向東 안서 도호부 호나라 말이 그 명성을 날리더니 훌연히 동쪽으로 오는구나.

此馬臨陣久無敵 與人一心成大功 이 말은 전진(戰陣)에 임하여 상대할 적이 없었고, 사람과 더불어 한 마음 되어 큰 공을 이루고

功成惠養隨所致 飄飄遠自流沙至 공을 이루고 은혜를 이받아 돌아오니 표연히 멀리 유사로부터 왔구나.

雄姿未受伏櫪恩 猛氣猶思戰場利 씩씩한 모습으로 마구간에 엎드려 은혜를 사양하니 용맹한 기운은 전쟁터에서의 날카로움을 생각케 하도다.

腕促蹄高如踣鐵 交河幾蹴層冰裂 앞다리가 바트고 발굽이 높아 내달림에 쇠붙이를 찢는 것 같으니 교하의 얼음을 몇 번이나 깨부셨는가,

五色散作雲滿身 萬里方看汗流血 다섯 가지 색으로 온 몸이 장식되어 만리를 달리니 땀이 피 흐르는 것 같다.

長安壯兒不敢騎 走過掣電傾城知 장안의 힘센 사람도 감히 타지 못하니 번개를 찢는 것처럼 지나가는 모습은 장안이 떠들썩하게 알려졌고,

青絲絡頭爲君老 何由却出橫門道 푸른 실을 머리에 두르고 임금을 위해 늙어가니 어느 말미로 문득 횡문길로 나오겠는가.

송우인(送友人)

– 고려, 정지상(鄭知常), 칠언절구 –

長堤雨歇草色多	비가 갠 긴 제방에 풀의 색깔 산뜻한데,
送君南浦動悲歌	남포로 떠나간 그대 생각 노래 슬프니
大同江水何時盡	대동강물 언제나 다 마를꼬
別淚年年添綠波	이별의 눈물 해마다 푸른 물결만 더하네.

남아(男兒)

– 조선조, 남이(南怡), 칠언절구 –

白頭山石磨刀盡	백두산 돌은 칼 갈아서 다 닳고
頭滿江水飮馬無	두만강 물은 말이 마셔 다 없어지네.
男兒二十未平國	장부 이십세에 나라를 평정치 못하면
後世誰稱大丈夫	후세에 누가 대자부라 말해 주리요.

여수장우중문시(與隋將于仲文詩)

– 고구려, 을지문덕(乙支文德), 오언절구 –

神策究天文	신통한 계책은 하늘에 닿았고
妙算窮地理	묘한 책략은 땅 이치에 통했네.

戰勝功旣高　싸움에 승리한 공 이미 높으니
知足願云止　만족을 알아서 그만함이 좋을 듯.

심은자불우(尋隱者不遇)

— 당, 가도(賈島), 오언절구 —

松下問童子　소나무 아래에서 동자한테 물으니
言師採藥去　스승은 약초 캐러 가셨다고 말하네
只在此山中　다만 이 산중에 있건만,
雲深不知處　구름이 깊어서 계시는 곳을 모르겠도다.

추적우제(秋積雨霽)

— 당, 한유(韓愈), 오언절구 —

時秋積雨霽　가을이 되어 비가 개이니
新凉入郊墟　서늘한 바람이 들에서 불어오네.
燈火稍可親　등불을 점차 가까이 하여
簡篇可卷書　책을 펴서 독서를 할 만하구나.

추사(秋思)

– 당, 장적(張籍), 칠언절구 –

洛陽城裏見秋風 낙양성 안에 가을 풍경을 보니
欲作家書意萬重 집에 편지 써야겠다는 생각이 깊은데,
復恐怱怱說不盡 급하게 쓰느라 빠진 말 있을가 염려되어
行人臨發又開封 배달인이 떠나기 임박해 또 한 번 열어 본다.

춘일(春日)

– 조선조, 서거정(徐居正), 칠언절구 –

金入垂楊玉謝梅 금빛이 수양버들에 들고 옥빛은 매화에서 떨어지며
小池新水碧於苔 작은 연못의 새봄 물은 이끼보다 푸르네.
春愁春興誰深淺 봄 근심 봄 흥취 어느 누가 깊고 얕다고 했는가.
燕子不來花未開 제비는 오지 않고 꽃도 아직 안 피었는데.

한중(閑中)

– 조선조, 서거정, 칠언절구 –

白髮紅塵閱世間　티끌에 묻혀 백발이 되도록 살아왔는데

世間何樂得如閑　세상의 어떤 즐거움이 한가로움만 하리.

閑吟閑酌仍閑步　한가로이 읊조리고 술 한 잔 하고 또 한가로이 거닐고

閑坐閑眠閑愛山　한가로이 앉아서 한가로이 자며 한가로이 산도 사랑한다네.

재해진영중(在海鎭營中)

– 이순신 –

水國秋光暮　수국(바다)에 가을이 저무니

驚寒雁陣高　한기에 놀란 기러기 높이 날고

憂心輾轉夜　나라가 걱정되어 잠 못 드는 밤

殘月照弓刀　지다가 남은 달은 활과 칼을 비추네.

* 誓海魚龍動 바다에 맹세하니 물고기와 용이 움직이고

盟山草木知 산에 맹세하니 풀과 나무가 알아 듣네.

<권학시(勸學詩)>

– 동진(東晋), 도연명(陶淵明), 오언절구 –

盛年不重來　성년(한창 때)은 거듭 오지 않고

一日難再晨　하루는 새벽이 두 번 오지 않는다.

及時當勉勵　때가 왔을 때 마땅히 열심히 공부하라.

歲月不待人　세월이 사람을 기다리지 않는다.

– 송(宋), 주희(朱熹), 칠언절구 –

少年易老學難成　소년은 늙기 쉽고 학문은 이루기가 어려우니

一寸光陰不可輕　짧은 세월도 가벼이 여기지 말아.

未覺池塘春草夢　연못에 봄풀의 꿈은 아직 깨지도 않았는데

階前梧葉已秋聲　뜰 앞에 오동 잎은 벌써 가을 소리로구나.

주자십회(朱子十悔)

不孝父母死後悔

부모님께 불효하면 돌아가신 뒤에 후회하고

不親家族疏後悔

가족간 화목하지 않으면 멀어진 뒤 후회하며

少不勤學老後悔

젊어서 공부를 게을리하면 늙은 뒤에 후회하고

安不思難敗後悔

편안할 때 어려움 생각 않으면 패한 뒤 후회하며

富不儉用貧後悔

부자일 때 아껴쓰지 않으면 가난한 뒤 후회하고

春不耕種秋後悔

봄에 씨 뿌리지 않으면 가을에 후회하며

不治垣墻盜後悔

담장을 다스리지 않으면 도둑맞은 뒤 후회하고

色不謹愼病後悔

성색에 근신하지 않으면 병을 얻은 뒤 후회하며

醉中妄言醒後悔

술에 취해서 망언하면 술 깬 뒤에 후회하고

不接賓客去後悔

손님 대접 부실하게 하면 떠나간 뒤 후회한다.

암송(暗誦)하던 한문

『논어(論語)』에서

學而時習之 不亦說乎? 有朋自遠方來 不亦樂乎? 人不知而不慍 不亦君子乎?

배우고 때때로 익히면 역시 기쁘지 아니한가, 벗이 있어 멀리서 찾아오니 역시 즐겁지 아니한가, 남이 (자기를) 알아주지 않아도 노여워하지 않으니 역시 군자가 아니겠는가.

德微而位尊 智少而謨大 無禍者 鮮矣.

덕이 적으면서 지위가 높고 지혜가 적으면서 큰 일을 꾀하면 화를 입지 않는 자가 드물다.

巧言令色鮮矣仁.

좋은 말과 좋은 낯으로 꾸미는 사람[아첨 아부하는 사람]은 인애(仁愛)로움이 적으니라.

吾日三省吾身 爲人謀 而不忠乎? 與朋友交 而不信乎? 傳 不習乎?

나는 하루에 세 차례씩 자신을 반성한다. 남을 위해 일을 도모하면서 불충하지 않았는가? 벗을 사귐에 신의를 잃은 바는 없는가? 전수 받은 바[올바르게 배운 것]를 익히지 않은 바는 없는가?

愼終追遠 民德歸厚矣.

부모의 상(喪)을 신중히 모시고 선조의 영(靈)을 충심으로 추모하면 백성의 덕성이 한결 돈후하게 되리라.

己所不欲 勿施於人.

내가 원하지 않는 바[하기 싫은 일]를 남에게 시키지 말라.

君子和而不同 小人同而不和; 君子周而不比 小人比而不周.

군자는 화합하되 뇌동하지 않으나, 소인은 뇌동만 하고 화합하지는 못한다; 군자는 두루 통하면서도 편당적이지 않지만, 소인은 편당적일 뿐 두루 통하지 못한다.

朽木不可彫也 糞土之墻不可汚也.

썩은 나무에는 조각을 할 수 없고 더러운 흙으로 쌓은 담은 더 이상 더럽힐 수 없다.

子曰 吾十有五而志于學 三十而立 四十而不惑 五十而知天命 六十而耳順 七十而從心所欲不踰矩.

나는 열다섯 살에 학문에 뜻을 두었고, 서른 살에 독(자)립했고, 마흔 살에 망설이지 않게 되었고, 쉰 살에 천명(天命)을 알게 되었고, 예순 살에 남의 말을 순순히 듣게 되었고, 일흔 살에 마음 내키는 대로 좇아도 법도를 넘어서지 않게 되었다.

◆ 15세- 志學(지학) ◆ 20세- 弱冠(약관, 남), 芳年(방년, 여)

◆ 30세- 立年(입년) ◆ 40세- 不惑(불혹) ◆ 50세- 知天命(지천명)

◆ 60세- 耳順(이순) ◆ 61세- 還甲(환갑), 望七(망칠)

◆ 62세- 進甲(진갑) ◆ 70세- 古稀(고희) ◆ 71세부터- 望八(망팔)

◆ 77세- 喜 · 㐂壽 (희수) ◆ 80세- 傘(仐)壽(산수)

◆ 81세부터- 望九(망구) ◆ 88세- 米壽(미수)

◆ 90세- 卒(卆)壽(졸수) ◆ 91세부터- 望百(망백)

◆ 99세- 白壽(백수) ◆100세- 百壽(백수), 上壽(상수)

溫故而知新 可以爲師矣.

옛것(지난 때 학문)을 제대로 익혀 알고 나아가서 새로운 것을 알아야 스승이라고 할 수 있다.

顔淵問仁 子曰 克己復禮爲仁 一日克己復禮 天下歸仁焉.

안연이 '인(仁)'을 물음에 공자께서 대답하시기를 '자기를 누르고 예(禮)로 돌아감이 '인(仁)'이다. 하루라도 자기를 누르고 예로 돌아가면 천하가 '인'으로 돌아갈 것이다.'

『맹자(孟子)』에서

君子有三樂 而王天下不與存焉 父母俱存 兄弟無故 一樂也, 仰不愧於天 俯不怍於人 二樂也, 得天下英才而敎育之 三樂也.

군자에게는 세 가지 즐거움이 있으나, 천하에 왕노릇한는 것은 거기에 들어 있지 않다. 부모가 다 생존하고 형제들이 무고한 것이 첫번째 즐거움이요, 우러러보아 하늘에 부끄럽지 않고 굽어 보아서 사람에게 부끄럽지 않으면 두번째 즐거움이요, 천하의 영재를 얻어서 교육하는 것이 세번째 즐거움이다.

浩然之氣 集義所生者 非義襲而取之也.

호연지기는 정의가 안으로 모여서 생겨나는 것이지, 정의가 밖에서 엄습해 와서 생겨지는 것이 아니다.

今人 乍見孺子將入於井 皆有怵惕惻隱之心 惻隱之心 仁之端也, 羞惡之心 義之端也, 辭讓之心 禮之端也, 是非之心 知之端也. [사단(四端) : 仁義禮知]

지금 어린 아이가 실족하여 우물에 빠져드는 것을 보면 누구나 소스라치게 놀라고 몹시 측은한 마음을 가진다. 측은한 마음은 인(仁)의 단초요, 부끄러운 마음은 의(義)의 단초요 사양하는 마음은 예(禮)의 단초요, 옳고 그름을 아는 마음은 지(知 : 지혜)의 단초이다.

사단(四端) — 仁義禮智 : 無惻隱之心 非人也, 無羞惡之心 非人也, 無辭讓之心 非人也, 無是非之心 非人也.

인의예지(仁義禮智) : 측은히 여기는 마음이 없으면 사람이 아니고, 부끄러운(창피한) 마음이 없으면 사람이 아니고, 사양하는 마음(겸양지덕)이 없으면 사람이 아니고, 옳고 그름을 가리는 마음이 없으면 사람이 아니다.

天時不如地利 地利不如人和

하늘의 때[時]가 땅위의 이로움(지상의 여건)만 못하고, 땅위의 이로움이 인화(人和)만 못하다.

『대학(大學)』에서

大學之道 在明明德 在親(新)民 在止於至善.

대학의 도(道)는 밝은 덕을 밝히는 데 있고, 백성들과 친하게(소통) 하는 데 있고, 최선(最善 : 가장 좋은 상황, best)에서 그치는 데 있다.

古之欲明明德於天下者 先治其國 欲治其國者 先齊其家 欲齊其家者 先脩其身 欲脩其身者 先正其心 欲正其心者 先誠其意 欲誠其意者 先致其知 致知在格物矣.

[修己治人(수기치인) : 修身齊家治國平天下(수신제가치국평천하)]

옛날부터 천하에 밝은 덕을 밝히고자 하는 자는 먼저 나라를 잘 다스리고, 나라를 다스리고자 하는 자는 먼저 가정을 가지런히 하고, 가정을 가지런히 하고자 하는 자는 먼저 그 몸을 수양하고, 몸을 수양하고자 하는 자는 먼저 마음을 바르게 하고, 마음을 바르게 하고자 하는 자는 먼저 그 뜻을 정성되게 하고, 그 뜻을 정성되게 하고자 하는 자는 먼저 그 지혜에 이르러라 하였으니, 지혜에 이르름은 사물을 구명함[格物]에 있다.

『중용(中庸)』에서

天命之謂性 率性之謂道 修道之謂敎.

하늘이 명한 것을 '성(性)'이라 하고, 성을 다스려 따름을 '도(道)'라 하고, 도를 닦아 수양하는 것을 '교(敎)'라 한다.

莫見乎隱 莫顯乎微 故 君子愼其獨也. [愼獨(신독) : 혼자 있을 때 몰래 '나쁜 생각하는 것'을 삼가다.]

숨은 것보다 더 잘 드러나는 것이 없으며, 미세한 것보다 더 잘 나타나는 것은 없다. 그러므로 군자는 혼자 있을 경우(몰래 나쁜 생각을 하는 것)를 삼가는 것이다.

『명심보감(明心寶鑑)』에서

【繼善篇(계선편)】

子曰 爲善者天報之以福 爲不善者天報之以禍. 공자가 말씀하시기를, 착한 일을 하는 사람은 하늘이 복으로써 갚아 주고, 착하지 않은 일을 하는 사람은 하늘이 재화(災禍)로써 갚아 준다.

漢昭烈將終勅後主曰勿以善小而不爲勿以惡小而爲之.

한나라 소열(유비)이 죽음(임종)에 이르러 다음 임금에게 칙서하여 말하기를, 착한 것이 작다고 아니하지 말고(착한 일은 작더라도 행하고), 악한 것은 작더라도 하지 말라.

莊子曰一日不念善諸惡皆自起.

장자가 말하기를, 하루라도 착한 일을 생각하지 아니하면 모든 악한 일이 다 스스로 일어나느니라.

太公曰 見善如渴 聞惡如聾 又曰善事須貪 惡事莫樂. 태공이

말하기를, 착한 것을 보거든 목이 말라 물을 구하듯이 하고, 악한 것을 듣거든 귀머거리같이 못 들은 체 하라. 또 말하기를 착한 일이란 모름지기 탐을 내고 악한 일이란 즐겨하지 말라.

馬援曰 終身行善 善猶不足 一日行惡 惡自有餘. 마원이 말하기를, 일생을 두고 착한 일을 행하여도 착한 것이 오히려 부족하고, 하루만 악한 일을 하더라도 악함이 스스로 남느니라.

司馬溫公曰 積金以遺子孫 未必子孫能盡守 積書以遺子孫 未必子孫能盡讀 不如積陰德於冥冥之中以爲子孫之計也. 사마온공이 말하기를, 돈을 모아서 자손에게 남기어 주더라도 자손이 반드시 다 잘 지키지 못할 것이고, 책을 모아서 자손에게 남기어 주더라도 반드시 자손이 다 읽지 못할 것이니, (겉으로) 나타나지 않은 가운데 음덕을 쌓아서 자손을 위하는 계책으로 삼는 것만 같지 못하니라.

景行錄云 恩義廣施 人生何處不相逢 讐怨莫結 路逢狹處難回避. 경행록에 이르기를, 은혜와 의리를 널리 베풀어라. 인생이 어느 곳에서든지 서로 만나지 않으랴. 원수지고 원망함을 맺지 말라. 길이 좁은 곳에서 만나면 피하기 어려우니라.

莊子曰 於我善者我亦善之 於我惡者我亦善之 我旣於人無惡 人能於我無惡哉.

장자가 말하기를, 나에게 착한 일을 하는 자에게도 내가 역시 착하게 하고, 나에게 악한 일을 하는 자에게도 내가 역시 착하게 할지니라. 내가 이미 사람들에게 악하게 아니하였으면 사람들이

나에게 악하게 하는 일이 없을 것이니라.

東岳聖帝垂訓曰 一日行善福雖未至禍自遠矣 一日行惡禍雖未至福自遠矣 行善之人如春園之草不見其長日有所增 行惡之人如磨刀之石不見其損日有所虧.

동악성제가 훈계를 내려 말하기를, 하루 착한 일을 하면 복은 비록 금방 나타나지 아니하나 화는 저절로 멀어질 것이요, 하루 악한 일을 하면 화는 비록 금방 나타나지 아니하나 복이 스스로 멀어지느니라. 착한 일을 행하는 사람은 봄동산에 풀과 같아서 그 풀이 자라는 것은 보이지 않으나 날마다 더하여 늘어나는 것이 있고, 악한 일을 행하는 사람은 칼을 가는 숫돌과 같아서 그 숫돌이 갈리어 닳아 없어지는 것이 보이지 않으나 날로 그 숫돌이 닳아서 이지러지는 것과 같으니라.

子曰 見善如不及 見不善如探湯. 공자가 말씀하시기를, 착한 것을 보거든 아직도 도달하지 못해 부족한 것 같이 하고, 착하지 못한 것을 보거든 끓는 물을 더듬는 것과 같이 하라.

【天命篇(천명편)】

子曰 順天者存 逆天者亡.

공자가 말씀하시기를, 천명을 따르는 사람은 살고, 천명을 거스르는 사람은 망하느니라.

康節邵先生曰 天聽寂無音 蒼蒼何處尋 非高亦非遠 都只在人心.

강절소선생이 말하기를, 하늘의 들음이 고요하여 소리가 없으니 푸르고 푸른 어느 곳에서 찾을고. 높지도 않고 멀지도 않으니라. 모두가 다만 사람의 마음에 있느니라.

玄帝垂訓曰 人間私語天聽若雷 暗室欺心神目如電.

현제가 훈계를 내려 말하기를, 사람의 사사로운 말이라도 하늘의 들음은 우뢰와 같고, 어두운 방에서 마음을 속일지라도 신의 눈은 번개와 같으니라.

益智書云 惡鑵若滿天必誅之.

익지서에 이르기를, 나쁜 그릇(마음)이 가득 차면 하늘이 반드시 버히느니라.

莊子曰 若人作不善 得顯名者 人雖不害 天必戮之. 장자가 말하기를, 사람이 착하지 못한 일을 하고 세상에 이름을 낸 자는 사람은 비록 해하지 않으나 하늘이 반드시 무찌르니라.

種瓜得瓜 種豆得豆 天網恢恢 疏而不漏. 외씨를 심으면 외를 얻을 것이고 콩을 심으면 콩을 얻을 것이니 하늘이 넓고 넓어도 그물[網]이 새지는 아니 하느니라.

子曰 獲罪於天 無所禱也. 공자가 말씀하시기를, 나쁜 일로 하늘에 죄를 얻으면 빌어 용서받을 곳이 없느니라.

【順命篇(순명편)】

子曰 生死有命 富貴在天.

공자가 말씀하시기를, 죽고 사는 것은 명에 달려 있고, 부자나 귀히 되는 것은 하늘에 달려 있다.

萬事分已定 浮生空自忙.

모든 일이 분수가 이미 정해져 있거늘 뜬 인생이 공연히 스스로 바쁘게 하느니라.

景行錄云 禍不可倖免 福不可再求.

경행록에 이르기를, 화는 요행으로 면할 수는 없는 것이고, 복은 두 번 얻을 수 없느니라.

時來風送滕王閣 運退雷轟薦福碑.

때를 만나면 (왕발이가) 순풍을 만나 하룻밤에 등왕각에 가서 서문을 지어 이름을 높이듯 일이 잘 되고, 운수가 나쁘면 천복비에 벼락을 쳐서 비석을 깨뜨리듯이 일이 수포로 되는 것이다.

列子曰 痴聾痼啞家豪富 智慧聰明却受貧 年月日時該載定 算來由命不由人.

열자가 말하기를, 어리석고 귀멀고 고질 있고 벙어리라도 집은 호화롭고 부자요, 지혜롭고 영리하여도 문득 가난하니라. 운수는 해와 달과 날과 시가 분명히 정해져 있으니 운수를 짚어 봄에, 부하고 가난함은 운명에 있는 것이지 사람으로 말미암은 것이 아니다.

【孝行篇(효행편)】

詩曰 父兮生我母兮鞠我 哀哀父母 生我劬勞 欲報之德 昊天罔極.

시경에 말하기를, 아버지시여 나를 낳으시고 어머니시여 나를 기르셨습니다. 슬프고 슬프도다. 부모님이 나를 낳으심에 애쓰시고 수고로우셨도다. 그 은덕을 갚고자 하는데 그 은혜가 하늘 같아 다함(끝)이 없도다.

子曰 孝子之事親也 居則致其敬 養則致其樂 病則致其憂 喪則致其哀 祭則致其嚴.

공자가 말씀하시기를, 효자가 어버이를 섬김에는 살아계심에 그 공경함을 다하고, 봉양함에 그 즐겁게 해드림을 다하고, 병이 들면 그 근심함을 다하고, 초상을 당하면 그 슬퍼함을 다하고, 제사에는 그 엄숙함을 다할지니라.

子曰 父母在 不遠遊 遊必有方 出必告 反必面.

공자가 말씀하시기를, 부모가 계시면 멀리 떠나가서 놀지 않고 놀 때에는 그 노는 곳을 알리느니라. 나가면 나간다고 말씀드리고, 돌아왔으면 얼굴을 보이고 말씀드린다.

太公曰 孝於親子亦孝之 身旣不孝子何孝焉. 태공이 말하기를, 어버이께 효도하면 자식이 또한 효도하나니 자기가 이미 효도하지 않았으면 자식이 어찌 효도하리요.

孝順還生孝順子 忤逆還生忤逆子 不信 但看簷頭水 點點滴

滴不差移.

효도하고 순한 이는 되돌려져서, 효도하고 순한 자식을 낳을 것이고, 어그러지고 거슬리는 이는 어그러지고 거슬리는 자식을 낳나니 믿지 못할 것 같으면 오직 처마 끝에 빗물을 보라. 점점이 떨어지고 떨어짐이 어그러지게 옮겨지지 않느니라.

☆ ☆ ☆

춘규사(春閨詞)

抱向紗窓弄未休 비단 창가에서 사랑의 희롱을 쉬지 않으니
半含嬌態半含羞 애교를 머금은 표정에 한 편은 수줍어하네.
低聲暗問相思否 보고 싶지 않았냐고 속삭여 물으니
手整金釵小點頭 손으로 금비녀 쪽을 만지며 머리를 끄덕이네.
<김립(金笠) 김삿갓 시, 『춘향전(春香傳)』에서 춘향과 이도령의 사랑을 연상케 함>

사희(四喜)

七年大旱逢甘雨 칠년의 큰 가뭄에 단비를 만나는 것과,
千里他鄕逢故人 천리 타향에 고향 사람을 만나는 것과,
少年金榜掛名臣 소년이 방(榜)에 유명하게 이름이 걸리는 것과,

華燭洞房無月夜　혼인 첫날 밤 방에 달 없는 밤이다.
<중국인의 시, 시구가 『춘향전』에 인용됨>

☆　☆　☆

金樽美酒千人血　좋은 술단지에 맛 있는 술은 천 사람의 피요,
玉盤佳肴萬姓膏　옥반에 좋은 안주는 만백성의 기름이로다.
燭淚落時民淚落　황촉 촛물 떨어질 때 백성의 눈물 떨어지고,
歌聲高處怨聲高　노랫소리 높이 울리는 곳에 원성의 소리 높도다.
<『춘향전』에서 이도령이 어사출도하기 직전 변사또의 연회 광경을 보고 읊어서 간담을 서늘케 한 시>

二十樹下三十客　스무나무 아래에서 서러운 손님이
四十家中五十食　마하(망할)놈의 집에서 쉰밥을 먹으니
人間豈有七十事　인간에 어찌 이런 일이 있겠는가.
不如歸家五十食　집으로 돌아가서 쉰밥을 먹는 것만 못하구나.
<김립(金笠) 김삿갓의 해학시(諧謔詩)>

天丈去無執　천장엔 거미집이요 (천장엔 낡아 헐어서 잡히는 것이 없고)
花老蝶不來　화로엔 겉불이네. (꽃은 시들어서 나비가 안 오네.)
菊樹寒沙發　국수 한 사발(그릇) (국화는 찬 모래 땅에 피었고)
枝影半縱池　지렁(간장) 반 종지 (나뭇가지 그림자는 못에 드리웠는데,)

江亭貧士過　강정에 (칼로) 벤 사과 (강가 정자에는 가난한 선비가 지나다가)

大醉伏松下　대추와 복숭아 (술에 취하여 소나무 아래 누웠네.)

月移山影蓋　워리, 사냥개 (달은 옮겨 이동하여 산그늘 내리니)

通市求利來　통시(뒷간)에 구(쿠)릿내. (저자-시장에 가서 이문을 구해 오네.)

<김삿갓이 빈가(貧家) 노파한테서 푸대접을 받고나서 쓴 해학시(諧謔詩)>

步至華陽洞　걸어서 화양동에 왔는데

房中皆尊物　방 안에는 다 높은 이들이고,

先生來不謁　선생은 와서 뵙지도 못했고

學生諸未十　학생은 다 쳐서 십 명도 안 되더라.

<김삿갓이 화양동에 있는 서당엘 방문했을 때 선생은 부재중이고, 학생들이 행색이 초라한 김삿갓을 괄시하니, 이 때 그 소회를 읊은 해학시>

狐假虎威(호가호위)
여우가 호랑이의 위세를 빌다

—『전국책(戰國策)』—

虎求百獸而食之. 得狐, 狐曰 "子無敢食我也. 天帝使我長百獸 今子食我, 是逆天帝命也. 子以我爲不信, 吾爲子先行 子隨我後 觀百獸之見我而敢不走乎." 虎以爲然 故遂與之行, 獸見之皆走 虎不知獸畏己而走也 以爲畏狐也.

호랑이는 온갖 짐승들을 잡아먹는다. 여우를 잡아먹으려 하는데, 여우가 말하기를,

"그대가 나를 감히 잡아먹지 못한다. 천제(하느님)가 나를 백수(모든 짐승)의 우두머리로 정해 놓았으니 지금 그대가 나를 잡아먹으면 이는 천제의 명을 거스르는 일이니라. 그대가 내 말을 믿지 못한다면 내가 그대 앞에 갈 테니 그대는 내 뒤를 따라 오면서 백수가 나를 보고 도망가지 않는가를 보시오."

호랑이가 그리 여기고 함께 가는데 짐승들이 보고는 다 도망을 치는 것이다. 호랑이는 짐승들이 '자기가 무서워서 도망가는 줄'을 모르고 여우가 무서워서 도망가는 것으로 알았다.

※ '남의 권세를 빌려 위세를 부림'의 비유.

<명문구(名文句)>

☆ 樹欲靜風不止 子欲養親不待.

나무가 가만이 서 있고자 하나 바람이 그치지 않고, 자식이 부모를 봉양(奉養)하고자 하나 부모가 기다려 주지 않는다. (자식이 형편이 좋아지면 부모님께 효도하려 했으나 부모가 기다려 주지 않고 돌아가시고 안 계신다. 즉, 효도는 미루었다가 할 수 없다는 것을 비유한 말임.)

☆ 身體髮膚受之父母 不敢毁傷孝之始也 立身行道 揚名於後世 以顯父母孝之終也.

신체(몸)와 머리카락과 피부는 부모한테서 받은 것이니 상처나게 하지 않고 고이(무사히) 잘 지내는 것이 효(孝)의 비롯함(첫걸음)이요, 몸을 세워 도를 행함(출세함)에 후세에 이름을 날려 부모가 드러나 돋보이게 하는 것이 효의 마침(완성)이다.

☆ 梨下不整冠 瓜田不納履.

배나무 아래에서 갓끈을 고쳐 매지 말고, 참외 밭에서 신발 끈을 매지 말아. (의심 받을 만한 행위를 삼가라는 뜻임.)

☆ 牝牡之合未知而全作, 牝常以靜勝牡.

암수[雌雄]가 합하면 알 수는 없지만 완전히 일어나고[作], 암컷은 언제나 고요함[靜]으로써 수컷을 이긴다.

<노자 「도덕경(道德經)」>

☆ 上善若水.

최고로 조은 것[最善 : best]은 물[水]과 같은 것이다.

<노자 「도덕경」>

☆ 詞源如海筆如椽 秋水爲神玉爲骨.

말[詞]의 원천은 바다와 같고 글씨체는 서까래 같아야 하며, (맑은) 가을 물은 정신이 되고 옥(玉)은 골격이 되어야 한다.

<서예>

호칭과 지칭

<1996~'99. 서울예절교육연구회(교육부 등록)
초등교사 예절 강의 교재>

1. 예절(禮節)

예(禮) : 사람이 지켜야 할 도리 ─┐
├ 禮儀 ┐
의(儀) : 몸가짐, 행동 등(언어, 표정 포함) ┘
├ 禮節 (禮儀 + 凡節)
범절(凡節) : 예의 실천에 따른 절차, 질서, 품위 등 ┘

2. 禮節의 갈래

가. 四禮

관례(冠禮) ┐
혼례(婚禮) ┼── 冠·婚·喪·祭(해설 생략)
상례(喪禮) ┤
제례(祭禮) ┘

※ '예절의 갈래'에서 '언어 예절'만 다루기로 함.

나. 언어 예절(言語 禮節)

언어는 사람의 생각과 감정을 전달하는 수단이고, 말씨는 사람의 교양과 인격의 표현이다.

1) 대화 예절

(1) 대화의 3요소 : ① 태도 ② 음성 ③ 말씨

(2) 언어 표현의 5원칙 :

① 밝은 눈빛 ② 밝은 표정 ③ 밝은 음성 ④ 밝은 내용 ⑤ 밝은 마음

(3) 언어 디자인의 5원칙 :

① 고운 말 ② 표준말 ③ 이해하기 쉬운 말

④ 정성이 담긴 말 ⑤ 상황에 알맞은 말

(4) 대화의 자세 5원칙

① 바른 자세로 ② 상대를 바라보며 ③ 긍정적인 생각으로

④ 끝까지 경청 ⑤ 상황에 알맞게

칭호(稱號)

호칭(呼稱)과 지칭(指稱)

※ 호칭 : 상대인을 마주 대해서 부를 때 쓰는 칭호(2인칭으로 부를 경우)

※ 지칭 : 가리키는 사람을 주로 3인칭으로 말할 때 일컫는 칭호

<예>

대 상	호 칭	지 칭
교사	선생님	선생, 교사
시부	아버님	시아버지
시모	어머님	시어머니
오빠의 아내	(새)언니, 형님	올케
남편의 누이동생	아가(기)씨<미혼>	시누이
남편의 남동생	도련님<미혼>, 서방님<기혼>	시동생, ○○의 삼촌
남편	여보, ○○아빠, ○○아버지	남편, (그이)
사위	○서방, ○○아범	사위, (우리) 사위
사장	사장님	사장
장관	장관님	장관, ○○장관

자기와 부모 사이

부모의 호칭·지칭어

			살아 계신 부모님	돌아가신 부모님
호칭어	어릴 때		어머니(엄마) 아버지(아빠)	
	성장 후		어머니, 아버지	
지칭어	부모, 조부모에게		어머니(엄마), 아버지(아빠)	어머니, 아버지
	친척에게		어머니(엄마), 아버지(아빠)	어머니(님), 아버지(님)
	남편에게		친정(지역 이름)어머니, 친정(지역 이름)아버지	친정어머니(님) 친정아버지(님)
	아내, 형제, 자매, 처가 쪽 사람에게		어머니, 아버지	어머니(님), 아버지(님)
	시댁 쪽 사람에게		친정(지역 이름)어머니, ○○외할머니, 친정(지역 이름)아버지, ○○외할아버지	친정어머니(님), ○○외할머니(님), 친정아버지(님), ○○외할아버지(님)
	타인에게	아들, 미혼의 딸이	어머니, 아버지	어머니(님), 아버지(님)
		기혼의 딸이	(친정)어머니, ○○외할머니, (친정)아버지, ○○외할아버지	친정어머니(님), ○○외할머니(님), 친정아버지(님), ○○외할아버지(님)

▪ ○○ : 이름

부모와 자녀 사이

<table>
<tr><th colspan="4">자녀의 호칭 · 지칭어</th></tr>
<tr><td colspan="2"></td><td>혼인하지 않은 자녀</td><td>혼인한 자녀</td></tr>
<tr><td colspan="2">호 칭 어</td><td>○○(이름)</td><td>(○○)아비(애비 · 아범),
(○○)어미(에미 · 어멈),
○○(이름)</td></tr>
<tr><td rowspan="5">지
칭
어</td><td>가족, 친척에게</td><td>○○(이름)
[그들이 부르는 대로]</td><td>(○○)아비(애비 · 아범),
(○○)어미(에미 · 어멈),
○○(이름),
[그들이 부르는 대로]</td></tr>
<tr><td>자녀의 직장
사람들에게</td><td colspan="2">○○○씨, ○(○○) 직함(님)</td></tr>
<tr><td>타인에게</td><td colspan="2">(우리) ○○(이름), (우리) 아들, (우리) 딸</td></tr>
<tr><td>손자, 손녀(해당
자녀의 자녀)에게</td><td></td><td>아버지(아빠, 아비, 아범)
어머니(엄마, 어미, 어멈)</td></tr>
<tr><td>사돈 쪽 사람에게</td><td></td><td>○○아비(아범), ○○어미
(어멈), [그들이 부르는 대로],
○○(이름)</td></tr>
</table>

▪ ○○ : 이름

시부모와 며느리 사이

시아버지에 대한 호칭 · 지칭어

호칭어		아버님
지칭어	시조부모에게	아버님(아버지)
	시아버지에게	아버님
	시어머니에게	아버님
	남편에게	아버님
	자녀에게	할아버지(할아버님)
	남편의 동기에게	아버님
	동서에게	아버님
	시댁 친척에게	아버님,(그들이 부르는 대로)
	친정 쪽 사람에게	시아버님, 시아버지, ○○할아버지(할아버님)
	타인에게	(시)아버님, ○○할아버지(할아버님)

▪ ○○ : 이름

시어머니에 대한 호칭 · 지칭어

호칭어		어머님, 어머니
지칭어	시조부모에게	어머니(님)
	시아버지에게	어머님, 어머니
	시어머니에게	어머님, 어머니
	남편에게	어머님
	자녀에게	할머니(님)
	남편의 동기에게	아머님
	동서에게	어머님
	시댁 친척에게	어머님,[그들이 부르는 대로]
	친정 쪽 사람에게	시어머님, 시어머니, ○○할머니(님)
	타인에게	(시)어머님, ○○할머니(님)

▪ ○○ : 이름

며느리에 대한 호칭 · 지칭어		
호칭어		아가, 새아기, (○○)어미(에미 · 어멈), 얘야, 아기야, 큰(작은)애야
지칭어	며느리에게	아가, 새아기 (○○)어미(에미 · 어멈), 너
	부모에게	며늘애, ○○어미(에미 · 어멈), ○○댁, ○○ 처
	배우자에게	며늘애, 새아기, ○○어미(에미 · 어멈), ○○댁, ○○ 처
	아들에게	○○ 어미(에미 · 어멈), 네 댁, 네 처, 어미(에미 · 어멈), 네 아내
	손자, 손녀에게	어머니, 엄마, (어미), 네 어멈, 네 어머니(엄마)
	큰아들에게 작은며느리를	○○ 어미, ○○댁, 제수, 계수
	작은아들에게 큰며느리를	○○ 어미, (네) 형수
	큰딸에게 작은며느리를	○○ 어미, 올케, ○○댁
	작은딸에게 큰며느리를	○○ 어미, 올케, 새언니
	다른 며느리에게	○○ 어미, 동서, (네) 형
	사위에게	처남의 댁, ○○ 어미, ○○댁
	친척에게	며느리, 며늘애, ○○댁, ○○ 어미, ○○ 처, [그들이 부르는 대로]
	사돈에게	며늘애, ○○ 어미, [그들이 부르는 대로]
	타인에게	며느리, 새아기, 며늘 아이, 큰(작은)며느리

▪ ○○ : 이름

처부모와 사위 사이

장인에 대한 호칭·지칭어

		표준안
호 칭 어		장인 어른, 아버님
지칭어	장인에게	장인 어른, 아버님
	장모에게	장인 어른, 아버님
	아내에게	장인 (어른), 아버님
	부모와 동기에게	장인 (어른), ○○ 외할아버지
	친척에게	장인 (어른), ○○ 외할아버지
	아내의 동기와 그 배우자에게	장인 어른, 아버님
	자녀에게	외할아버지(외할아버님)
	타인에게	장인(어른), ○○외할아버지

장모에 대한 호칭·지칭어

		표준안
호 칭 어		장모님, 어머님
지칭어	장인에게	장모님, 어머님
	장모에게	장모, 장모님, 어머님
	아내에게	장모, 장모님, 어머님
	부모와 동기에게	장모(님), ○○ 외할머니
	친척에게	장모(님), ○○ 외할머니
	아내의 동기와 그 배우자에게	장모님, 어머님
	자녀에게	외할머니(님)
	타인에게	장모, 장모님, ○○ 외할머니

사위에 대한 호칭 · 지칭어

<table>
<tr><th colspan="2"></th><th>표준안</th></tr>
<tr><td colspan="2">호 칭 어</td><td>○ 서방, 여보게</td></tr>
<tr><td rowspan="10">지칭어</td><td>사위에게</td><td>○ 서방, 자네</td></tr>
<tr><td>딸에게</td><td>○ 서방</td></tr>
<tr><td>장인, 장모가 대화하면서</td><td>○ 서방, ○○ 아비(아범)</td></tr>
<tr><td>사돈에게(사위의 부모)</td><td>○ 서방</td></tr>
<tr><td>아들에게</td><td>○ 서방, 매형, 매부</td></tr>
<tr><td>다른 딸에게</td><td>○ 서방, 형부, 제부</td></tr>
<tr><td>며느리에게</td><td>○ 서방</td></tr>
<tr><td>다른 사위에게</td><td>○ 서방, (자네) 손윗동서 · 손아랫동서</td></tr>
<tr><td>외손자, 외손녀에게</td><td>아버지, 아빠</td></tr>
<tr><td>타인에게</td><td>사위, ○ 서방</td></tr>
</table>

- ○○ : 이름
- ○ : 성씨

남편과 아내 사이

<table>
<tr><th colspan="3">남편에 대한 호칭 · 지칭어</th></tr>
<tr><th colspan="2"></th><th>표준안</th></tr>
<tr><td rowspan="3">호칭어</td><td>신혼 초</td><td>여보, ○○씨, (여봐요 · 이봐요), 자기야</td></tr>
<tr><td>자녀가 있을 때</td><td>여보, ○○ 아버지, ○○ 아빠, 자기(야), 당신</td></tr>
<tr><td>장 · 노년</td><td>여보, 영감, ○○ 할아버지, ○○ 아버지, 당신</td></tr>
<tr><td rowspan="16">지칭어</td><td>남편에게</td><td>당신, 자기, ○○씨(신혼 초), 영감</td></tr>
<tr><td>시부모에게</td><td>아비, 아범, 그이, 애 아빠, ○○ 아버지</td></tr>
<tr><td>친정 부모에게</td><td>○ 서방, 그 사람, ○○아버지(아빠)</td></tr>
<tr><td>남편 동기에게</td><td>형(님), 동생, 오빠</td></tr>
<tr><td>남편 동기의 배우자에게</td><td>그이, ○○ 아버지, ○○ 아빠</td></tr>
<tr><td>친정 동기에게</td><td>매형 · 매부, 형부 · 제부, ○ 서방, 그이,
○○ 아버지, ○○ 아빠, [그들이 부르는 대로]</td></tr>
<tr><td>자녀에게</td><td>아버지, 아빠</td></tr>
<tr><td>며느리에게</td><td>아버님, 시아버님, 너의 시아버지</td></tr>
<tr><td>사위에게</td><td>장인, 장인 어른, 아버님</td></tr>
<tr><td>친구에게</td><td>그이, 우리 남편, 애 아버지,
애 아빠, ○○아버지(아빠)</td></tr>
<tr><td>남편 친구에게</td><td>그이, 애 아버지, 애 아빠,
바깥 양반, 바깥 사람</td></tr>
<tr><td>남편 회사에 전화를 걸 때</td><td>○○○씨,
[직함 또는 성이나 성명과 직함을 부른다]</td></tr>
<tr><td>아는 타인에게</td><td>○○ 아버지, ○○ 아빠, 바깥 양반, 바깥 사람</td></tr>
<tr><td>모르는 타인에게</td><td>우리 남편, 저의 남편
('실랑 · 우리 신랑'은 안 됨.)</td></tr>
<tr><td>남편의 회사 사람에게</td><td>그이, 남편, 바깥 양반</td></tr>
</table>

- ○○ : 이름
- ○ : 성씨

아내에 대한 호칭 · 지칭어

		표준안
호칭어	신혼 초	여보, ○○씨, (여봐요)
	자녀가 있을 때	여보, ○○ 엄마, ○○ 어머니
	장 · 노년	여보, 임자, ○○ 어머니, ○○ 엄마, ○○ 할머니
지칭어	아내에게	당신, ○○씨,(신혼 초), 임자
	친부모에게	(○○) 어미(어멈), 그 사람, 제 아내, 저의 처
	장인 · 장모에게	○○ 어미(어멈), 집사람, 그 사람, 안사람
	형에게	○○ 엄마, 집사람, 안사람, 처
	동생에게	○○ 엄마, 형수
	누나에게	○○ 엄마, 집사람, 안사람, 처
	여동생에게	○○ 엄마, (새)언니
	형수, 매부, 제수에게	○○ 엄마, 집사람, 안사람, 처
	손위 처남에게	○○ 엄마, 집사람, 안사람, 처
	손아래 처남에게	○○ 엄마, 누나
	처남의 댁에게	○○ 엄마, 집사람, 안사람, 처
	처형에게	○○ 엄마, 집사람, 안사람, 처
	처제에게	○○ 엄마, 언니
	동서에게	○○ 엄마, 집사람, 안사람, 처
	자녀에게	어머니, 엄마
	며느리에게	어머니, 시어머니
	사위에게	장모
	아내 친구에게	그 사람, 집사람, 안사람, 애 어머니, 애 엄마
	아내 회사에 전화를 걸 때	○○○씨, [성이나 성명과 직함을 부른다]
	아내 회사 사람에게	그 사람, 집사람 (대화의 경우)
	친구에게	그 사람, 집사람, 안사람, 아내
	아는 사람에게	○○ 엄마, 집사람, 아내, 안사람, 처
	모르는 사람에게	집사람, 아내, 안사람, 처

▪ ○○ : 이름

동기와 그 배우자에 대하여

동기와 그 배우자의 호칭 · 지칭어 <남자의 경우>

		형	형의 아내
호 칭 어		형, 형님	아주머님, 형수님, 아주머니
지칭어	당사자에게	형, 형님	아주머님, 아주머니, 형수님
	부모에게	형	아주머니, 형수
	동기, 처가 쪽 사람에게	형, 형님	아주머니(님), 형수(님)
	자녀에게	큰아버지(큰아버님)	큰어머니(님)
	타인에게	형, 형님	형수(님), 형수씨
		남동생	남동생의 아내
호 칭 어		○○(이름), 아우, 동생	제수씨, 계수씨
지칭어	부모, 동기, 타인에게	○○(이름), 아우, 동생	제수(씨), 계수(씨)
	처가 쪽 사람에게	아우, 동생	제수(씨), 계수(씨)
	자녀에게	삼촌, 작은아버지(작은아버님)	작은어머니(님), 숙모(님)
		누나	누나의 남편
호 칭 어		누나, 누님	매형(님), 자형(님)
지칭어	부모에게	누나	매형, 자형
	동기 및 처가 쪽 사람, 타인에게	누나, 누님	매부, 매형, 자형
	자녀에게	고모(님)	고모부(님)
		여동생	여동생의 남편
호 칭 어		○○(이름), 동생	매부, ○ 서방
지칭어	부모에게	○○(이름), 동생	매부, ○ 서방
	동기에게	○○(이름), 동생	매부, ○ 서방,
	처가 쪽 사람에게	누이동생, 여동생	매부
	자녀에게	고모(님)	고모부(님)
	타인에게	누이동생, 여동생	매부, ○ 서방,

- ○○ : 이름
- ○ : 성씨

동기와 그 배우자의 호칭 · 지칭어 <여자의 경우>			
		오빠	오빠의 아내
호 칭 어		오빠, 오라버니(님)	(새)언니
지칭어	당사자에게	오빠, 오라버니(님)	(새)언니
	부모에게	오빠, 오라버니	(새)언니, 올케
	동기에게	오빠, 오라버니(님),	(새)언니, 올케,
	시댁 쪽 사람 및 타인에게	(친정)오빠, (친정)오라버니, ○○ 외삼촌	새언니, 올케, ○○ 외숙모
	자녀에게	외삼촌, 외숙부(님)	외숙모(님)
		남동생	남동생의 아내
호 칭 어		○○(이름), 동생	올케
지칭어	부모에게	○○(이름), 동생	올케
	동기에게	○○(이름), 동생	올케
	시댁 쪽 사람에게	친정 동생, ○○ 외삼촌	올케, ○○ 외숙모
	자녀에게	외삼촌, 외숙부(님)	외숙모(님)
	타인에게	○○(이름), ○○ 외삼촌, (친정)동생	올케, ○○ 외숙모
		언니	언니의 남편
호 칭 어		언니	형부
지칭어	친정쪽 사람에게	언니	형부
	시댁 쪽 사람 및 타인에게	언니, ○○ 이모	형부, ○○ 이모부
	자녀에게	이모(님)	이모부(님)
		여동생	여동생의 남편
호 칭 어		○○(이름), 동생	○ 서방(님)
지칭어	당사자에게	○○(이름), 동생	○ 서방(님)
	부모에게	○○(이름), 동생	○ 서방
	동기에게	○○(이름), 동생	○ 서방
	시댁 쪽 사람 및 타인에게	친정 여동생, ○○ 이모	○○ 이모부, 동생의 남편
	자녀에게	이모(님)	이모부(님)

- ○○ : 이름
- ○ : 성씨

남편의 동기와 그 배우자에 대하여

남편의 형

		표준안
호칭어		아주버님
지칭어	시댁 쪽 사람에게	아주버님
	친정 쪽 사람에게	시아주버니, ○○ 큰아버지
	자녀에게	큰아버지(큰아버님)(첫째 큰아버지)((지역이름)큰아버지)
	타인에게	시아주버니, ○○ 큰아버지

남편의 아우

			표준안
호칭어	미혼자		도련님, (○째 도련님)
	기혼자		서방님, (○째 서방님)
지칭어	시댁 쪽 사람에게	미혼자	도련님
		기혼자	서방님
	친정 쪽 사람에게		시동생, ○○ 작은아버지, ○○ 삼촌
	자녀에게	미혼자	삼촌
		기혼자	작은아버지(작은아버님)
	타인에게	시동생, 도련님, 서방님, ○○ 작은아버지, ○○ 삼촌	

남편의 누나

		표준안
호칭어		형님
지칭어	시댁 쪽 사람에게	형님
	친정 쪽 사람에게	시누이, ○○ 고모
	자녀에게	고모(고모님)
	타인에게	시누이, ○○ 고모

▪ ○○ : 이름

남편의 동기와 그 배우자에 대하여

남편의 누이동생

		표준안
호칭어		아가씨, 아기씨, 아씨, ○서방댁
지칭어	시댁 쪽 사람에게	아가씨, 아기씨, 아씨, ○서방댁
	친정 쪽 사람에게	시누이, ○○ 고모
	자녀에게	고모(님)
	타인에게	시누이, ○○ 고모, 아가씨, 아기씨

남편 형의 아내

		표준안
호칭어		형님
지칭어	시댁 쪽 사람에게	형님
	친정 쪽 사람에게	큰동서(맏동서), ○째 큰동서, ○○ 큰어머니
	자녀에게	큰어머니(큰어머님)
	타인에게	큰동서(맏동서), ○째 큰동서, ○○ 큰어머니

남편 아우의 아내

		표준안
호칭어		동서, 새댁, ○째 새댁
지칭어	시댁 쪽 사람에게	동서, ○째 새댁
	친정 쪽 사람에게	동서, ○○ 작은어머니
	자녀에게	작은어머니(작은어머님)
	타인에게	동서, ○○ 작은어머니

남편의 누나·누이동생의 남편

		남편 누나의 남편	남편 누이동생의 남편
호칭어		아주버님, 서방님	서방님, ○서방님
지칭어	자녀에게	고모부(님)	고모부(님)
	자녀 이외의 사람들에게	(지역이름) 아주버님, (지역이름, 성) 서방님, ○○ 고모부(님)	(지역이름, 성) 서방님, ○○ 고모부(님)

▪ ○○ : 이름

아내의 동기와 그 배우자에 대하여

아내의 동기에 대한 호칭·지칭어

구분		아내의 오빠	아내의 남동생	아내의 언니	아내의 여동생
호칭어		형님, 처남(연하)	처남, ○○(이름)	처형	처제
지칭어	당사자에게	형님, 처남(연하)	처남, 자네	처형	처제
지칭어	아내에게	형님, 처남(연하)	처남, ○○(이름)	처형	처제
지칭어	부모, 동기, 타인에게	처남, ○○ 외삼촌	처남, ○○ 외삼촌	처형, ○○ 이모	처제, ○○ 이모
지칭어	장인, 장모에게	형님, 처남(연하)	처남, ○○(이름)	처형	처제
지칭어	당사자의 손위 동기와 배우자에게	형님, 처남(연하)	처남, ○○(이름)	처형	처제
지칭어	당사자의 손아래동기에게	[그들이 부르는 대로]	[그들이 부르는 대로]	[그들이 부르는 대로]	[그들이 부르는 대로]
지칭어	자녀에게	외삼촌, 외숙부(님)	외삼촌, 외숙부(님)	이모(님)	이모(님)

아내 동기의 배우자 호칭·지칭어

구분		아내 오빠의 부인	아내 남동생의 부인	아내 언니의 남편	아내 여동생의 남편
호칭어		처남댁	처남댁	형님, 동서(연하)	동서, ○ 서방
지칭어	당사자에게	처남댁	처남댁	형님, 동서(연하)	동서, ○ 서방
지칭어	아내에게	처남댁	처남댁	형님, 동서(연하)	동서, ○ 서방
지칭어	부모, 동기, 타인에게	처남댁, ○○ 외숙모	처남댁, ○○ 외숙모	형님, ○○ 이모부	동서, ○○ 이모부
지칭어	장인, 장모에게	처남댁	처남댁	형님, 동서(연하)	동서, ○ 서방
지칭어	당사자의 시댁 및 처가의 손위 동기와 배우자에게	처남댁	처남댁	형님, 동서(연하)	동서, ○ 서방
지칭어	당사자의 시댁 및 처가의 손아랫 사람에게	[그들이 부르는 대로)	[그들이 부르는 대로]	[그들이 부르는 대로]	[그들이 부르는 대로]
지칭어	자녀에게	외숙모(님)	외숙모(님)	이모부(님)	이모부(님)

▪ ○○ : 이름　　▪ ○ : 성씨

부모의 형제·자매에 대하여

숙질(叔姪)간의 호칭·지칭어				
	호칭어	지 칭 어		
		말하는 사람(자기)의 자녀에게	당사자의 자녀에게	그 밖의 사람들에게
아버지의 형	큰 아버지	○○ 큰할아버지(큰할아버님), 종조할아버지(종조할아버님), 종조부(님), ○○ 할아버지(할아버님)	큰아버지, 아버지, 아빠	큰아버지 백부(아버지의 맏형만)
아버지의 형의 아내	큰 어 머 니	○○ 큰할머니(님), 종조할머니(님), 종조모(님), ○○ 할머니(님)	큰어머니, 어머니, 엄마	큰어머니, 백모(아버지의 맏형의 아내만)
아버지의 남동생	미혼-삼촌, 아저씨 기혼-작은 아버지	○○ 작은할아버지(작은할아버님), (작은)종조할아버지(종조할아버님), (작은)종조부(님), ○○ 할아버지(할아버님)	작은아버지, 아버지, 아빠	미혼 - 삼촌, 아저씨 기혼 - 작은아버지, 숙부
아버지의 동생의 아내	작은 어머니	○○ 작은할머니(님), (작은)종조할머니(님), (작은)종조모(님), ○○ 할머니(님)	작은어머니, 어머니, 엄마	작은어머니, 숙모
아버지의 누이	고모, 아주머니	대고모(님), 왕고모(님) (고모할머니(님)), (○○ 할머니(님))	고모, 어머니, 엄마	고모
아버지 누이의 배우자	고모부, 아저씨	대고모부(님), 왕고모부(님), 고모할아버지(고모할아버님), ○○ 할아버지(할아버님)	고모부, 아버지, 아빠	고모부, 고숙
어머니의 남자 형제	외숙부, 외삼촌, 아저씨	진외할아버지(진외할아버님), 진외종조부(님), ○○ 할아버지(님)	외삼촌, 외숙부, 아버지, 아빠	외삼촌, 외숙

▪ ○○ : 지역 이름

숙질(叔姪)간의 호칭 · 지칭어				
	호 칭 어	지 칭 어		
		말하는 사람(자기)의 자녀에게	당사자의 자녀에게	그 밖의 사람들에게
어머니 남자 형제의 배우자	외숙모, 아주머니	진외할머니(님), ○○할머니(님)	외숙모, 어머니, 엄마	외숙모
어머니의 자매	이모, 아주머니	이모할머니(님), ○○할머니(님)	이모, 어머니 엄마	이모
어머니 자매의 배우자	이모부, 아저씨	이모할아버지(이모할아버님), ○○할아버지(할아버님)	이모부, 아버지, 아빠	이모부, 이숙
* ○○은 '지역 이름' 임				

숙질(叔姪)간의 호칭 · 지칭어						
			남자조카	조카의 아내	여자조카	조카사위
호 칭 어			미성년 - ○○(이름), 성년 - 조카, ○○ 아비, ○○ 아범, 조카님(시댁 쪽의 나이 많은 조카)	아가, 새아가, ○○ 어미, ○○ 어멈, 질부(姪婦), 생질부(甥姪婦 : 생질의 처)	미성년 - ○○(이름), 성년 - 조카, 질녀 ○○ 어미, ○○ 어멈, 조카님(시댁 쪽의 나이 많은 조카)	○ 서방 ○○ 아비, ○○ 아범
지칭어	타인에게	친조카	조카	조카 며느리, 질부(姪婦)	조카딸, 질녀(姪女)	조카사위, 질서(姪壻)
		누이의 자녀	생질(甥姪)	생질부(甥姪婦)	생질녀(甥姪女)	생질서(甥姪壻)

▪ ○○ : 이름

사돈 및 그 가족에 대하여

같은 항렬		
	자녀 배우자(며느리, 사위)의 부모 및 삼촌 항렬	
	남 : 남	남 : 여
호칭어 및 당사자에게 지칭	사돈 어른, 사돈	사부인, 사돈 어른
자기 쪽 사람에게	부모 : 사돈 ○○ (외)할아버지	사부인, ○○ (외)할머니
	삼촌 : 사돈, (관계말)	사부인, (관계말)
사돈 쪽 사람에게	부모 : 사돈 어른, 사돈 ○○ (외)할아버지	사부인, 사돈 어른 ○○ (외)할머니
	삼촌: 사돈 어른, 사돈, (관계말)	사부인, (관계말)
	자녀 배우자(며느리, 사위)의 부모 및 삼촌 항렬	
	여 : 여	여 : 남
호칭어 및 당사자에게 지칭	사부인, 사돈, 사돈 어른	사돈 어른, 밭사돈 어른
자기 쪽 사람에게	부모 : 사부인, ○○ (외)할머니	사돈 어른, 밭사돈 어른 ○○ (외)할아버지
사돈 쪽 사람에게	부모 : 사부인, 사돈 어른 ○○ (외)할머니	사돈 어른, ○○ (외)할아버지
	삼촌 : 사부인, (관계말)	사돈 어른, (관계말)
	동기 배우자 (형수, 올케 등)의 동기 및 그 배우자	
	남 자	여 자
호칭어 및 당사자에게 지칭	사돈, 사돈 도령, 사돈 총각	사돈, 사돈 처녀, 사돈 아가씨
당사자 이외의 사람에게	사돈, 사돈 도령, 사돈 총각, (관계말)	사돈, 사돈 처녀, 사돈 아가씨, (관계말)

▪ ○○ : 이름

직장 상사 · 동료 · 아랫사람

상 사		부 인	남 편	자 녀
호칭어		사모님	(○, ○○○) 선생님, (○, ○○○) 과장님	○○(이름),○○○씨, (○)과장(님)
지칭어	당사자에게	사모님, 아주머니(님)	(○, ○○○) 선생님, (○, ○○○) 과장님	○○(이름),○○○씨, (○)과장
	해당 상사에게	사모님, 아주머니(님)	(○, ○○○) 선생님, (○, ○○○) 과장님, 바깥어른	○○(이름),○○○씨, (○) 과장(님), 아드님, 따님, 자제분
	다른 사람에게	사모님, (○, ○○○) 과장(님), 부인(사모님)	(○, ○○○) 과장(님) 바깥어른, (바깥양반)	(○, ○○○) 과장(님) 아드님(따님, 자제분)

직장 동료나 아랫사람의 가족				
		부 인	남 편	자 녀
호칭어		아주머니(님), 부인	(○, ○○○) 선생(님), (○, ○○○) 과장(님)	○○(이름), ○○씨, (○)과장(님)
지칭어	당사자에게	아주머니(님), 부인	(○, ○○○) 선생(님), (○, ○○○) 과장(님)	○○(이름), ○○○씨, (○)과장(님), 아들(아드님), 딸(따님), 자제분
	해당 동료 및 해당 아랫사람에게	사모님, 아주머니(님)	(○, ○○○) 선생님, (○, ○○○) 과장님, 부군, 바깥어른	○○(이름), ○○○씨, (○)과장(님), 아들(아드님), 딸(따님), 자제분
	다른 사람에게	(○, ○○○) 과장(님) 부인, ○○○씨 부인	(○, ○○○) 과장(님) 남편 (바깥양반), ○○○씨 남편 (바깥양반)	(○, ○○○) 과장(님) 아드님 (아들, 따님, 자제분)

- ○○○ : 성명
- ○ : 성씨

※ 직급의 호칭·지칭은 실제 해당 직급에 따라 맞게 쓰면 됨.

<참고 문헌>

○ 김득중 「실천예절개론」

○ 월간 실천예절 「징소리」 99.5 · 6 · 9·10 ·11·12월호

○ 조선일보사 · 국립국어연구원 「우리말의 예절(上)」

敎職 隨想
숲속의 소리
-교직 38년을 되돌아보며-

석초 시조집
바다와 샘
홍오선 지음

산다화 피는 마을
2002.3 · 제3호
산다촌문인회

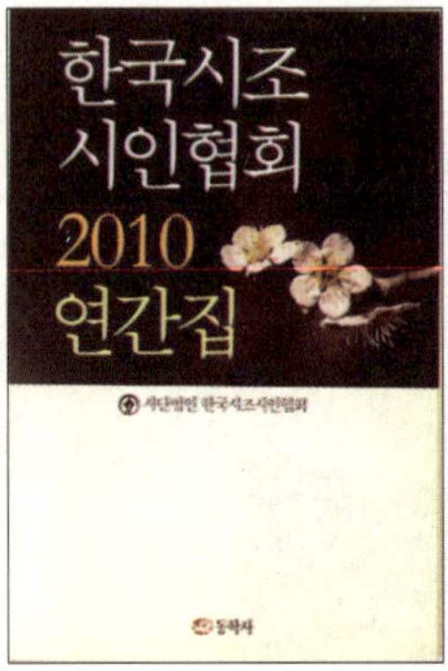

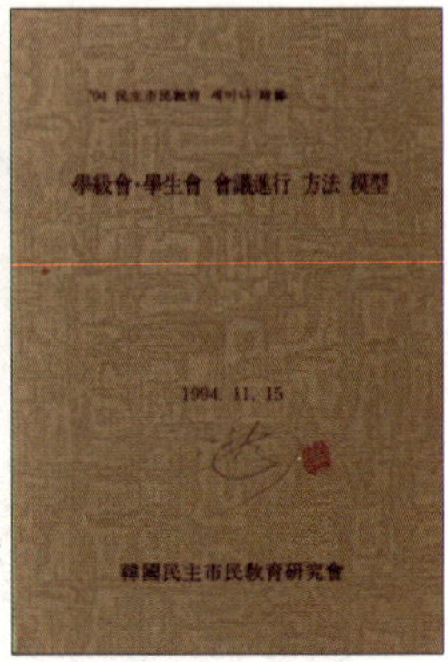

○ 「部首 指導에 의한 漢字 學習의 效率的 方案 硏究」
<서울 교육회 1등급>

○ 「主觀式 問項 出題上 問題點 및 改善 方案」
<서울 교육연구원 금상>
▫ 敎育硏究 '93-3 敎育論文集 <第15輯> 게재
서울特別市敎育硏究院

○ 「中學校 學級會의 進行 方法 指導를 통한 民主的 運營 方法」
<서울 교육연구원 1등급, 교총 전국대회 3등급>
▫ 1994. 民主市民敎育 세미나(한국민주시민교육연구회)
▫ 1995. 월간 敎育評論 8월호 게재
▫ 책자, 비디오테이프 전국 초 · 중 · 고 2,300여개교 보급

○ 「『學習의 길잡이』의 製作 · 活用을 통한 自學自習의 效率的인 指導 方案 硏究」
<서울 교육회 2등급>

○ 「古時調에 나타난 선비 精神」
<碩士學位 論文>

제 0020456 호

훈 장 증

장평중학교
교장 홍오선

귀하는 평생을 2세교육에 헌신봉사 함으로써 교육분야 발전에 이바지한 바 그므로 대한민국 헌법의 규정에 의하여 다음 훈장을 수여함

녹조근정훈장

2000년 9월 30일

대통령 김 대 중

국무총리 이 한 동

이 증을 근정훈장부에 기입함
행정자치부장관 최 인 기

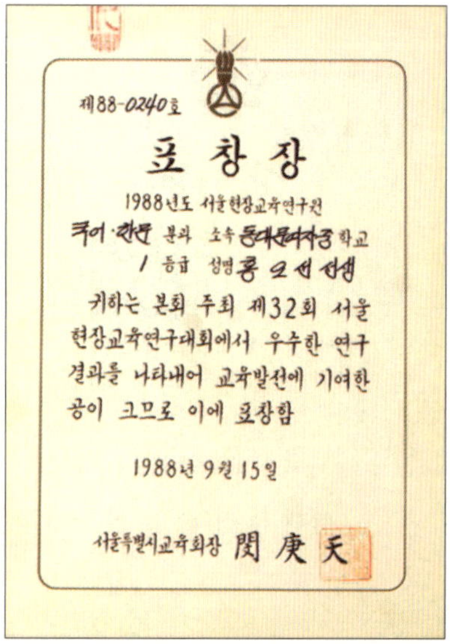
제88-0240호

표 창 장

1988년도 서울현장교육연구원
국어·한문 분과 소속 동대문여자중 학교
1 등급 성명 홍 오 선 선생

귀하는 본회 주최 제32회 서울 현장교육연구대회에서 우수한 연구 결과를 나타내어 교육발전에 기여한 공이 그므로 이에 표창함

1988년 9월 15일

서울특별시교육회장 閔 庚 天

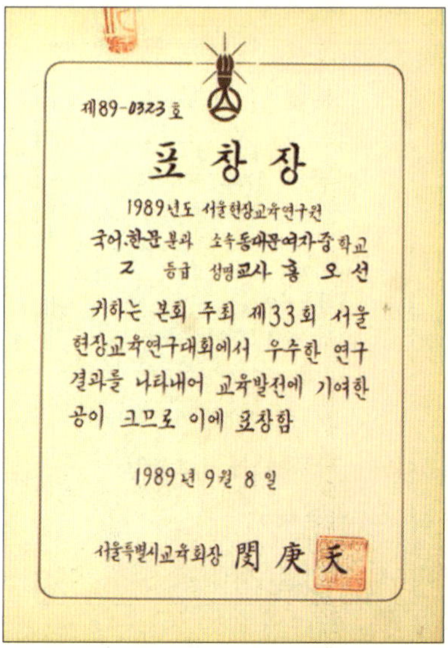
제89-0323호

표 창 장

1989년도 서울현장교육연구원
국어·한문 분과 소속 동대문여자중 학교
2 등급 성명 교사 홍 오 선

귀하는 본회 주최 제33회 서울 현장교육연구대회에서 우수한 연구 결과를 나타내어 교육발전에 기여한 공이 그므로 이에 표창함

1989년 9월 8일

서울특별시교육회장 閔 庚 天

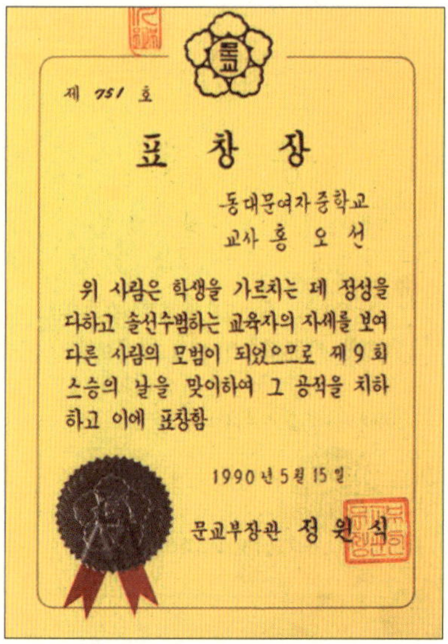
제 751 호

표 창 장

동대문여자중학교
교사 홍 오 선

위 사람은 학생을 가르치는 데 정성을 다하고 솔선수범하는 교육자의 자세를 보여 다른 사람의 모범이 되었으므로 제9회 스승의 날을 맞이하여 그 공적을 치하하고 이에 표창함

1990년 5월 15일

문교부장관 정 원 식

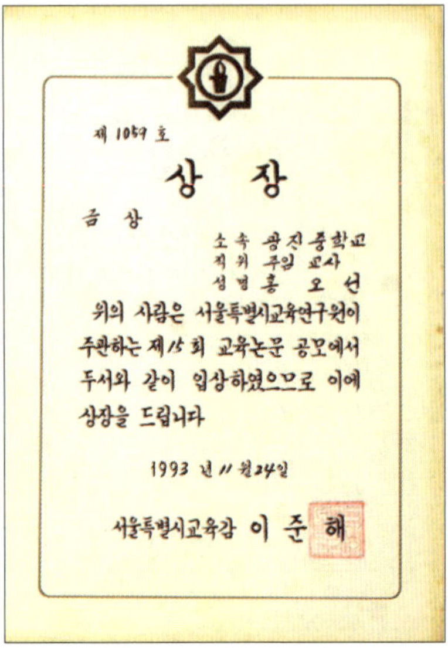
제 1059 호

상 장

금 상

소속 광진중학교
직위 주임교사
성명 홍 오 선

위의 사람은 서울특별시교육연구원이 주관하는 제15회 교육논문 공모에서 두서와 같이 입상하였으므로 이에 상장을 드립니다

1993 년 11 월 24 일

서울특별시교육감 이 준 해

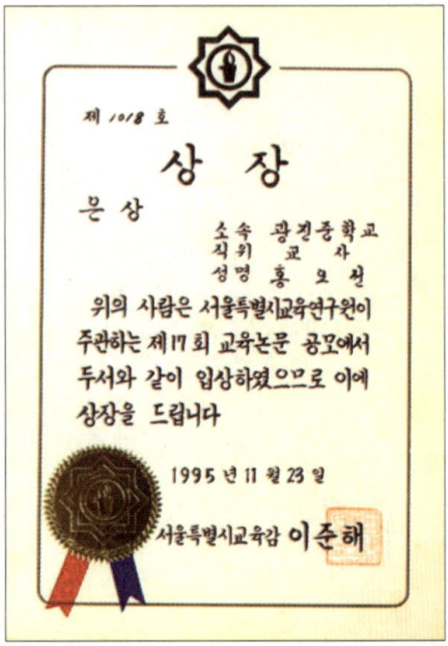
제 1018 호

상 장

은 상

소속 광진중학교
직위 교 사
성명 홍 오 선

위의 사람은 서울특별시교육연구원이 주관하는 제17회 교육논문 공모에서 두서와 같이 입상하였으므로 이에 상장을 드립니다

1995 년 11 월 23 일

서울특별시교육감 이준해

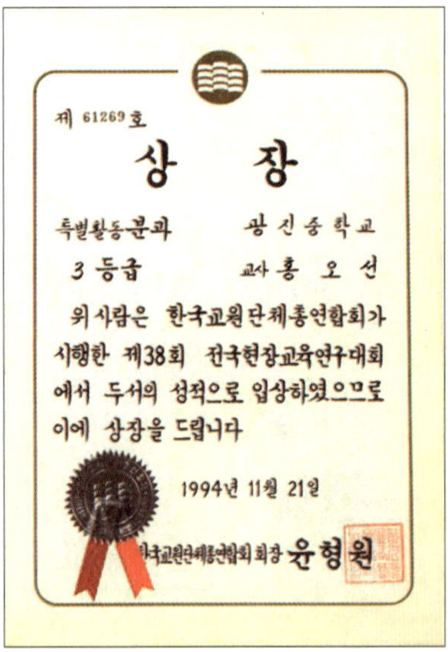
제 61269 호

상 장

특별활동분과 광 진 중 학 교
3 등급 교사 홍 오 선

위 사람은 한국교원단체총연합회가 시행한 제38회 전국현장교육연구대회에서 두서의 성적으로 입상하였으므로 이에 상장을 드립니다

1994년 11월 21일

한국교원단체총연합회 회장 윤형원

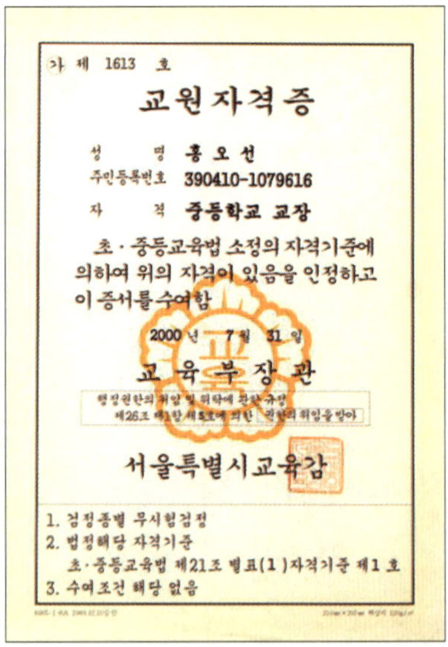
가 제 1613 호

교원자격증

성 명 홍 오 선
주민등록번호 390410-1079616
자 격 중등학교 교장

초·중등교육법 소정의 자격기준에 의하여 위의 자격이 있음을 인정하고 이 증서를 수여함

2000 년 7 월 31 일

교 육 부 장 관

행정권한의 위임 및 위탁에 관한 규정 제26조 제1항 제8호에 의한 권한의 위임을 받아

서울특별시교육감

1. 검정종별 무시험검정
2. 법정해당 자격기준
초·중등교육법 제21조 별표(1)자격기준 제1 호
3. 수여조건 해당 없음

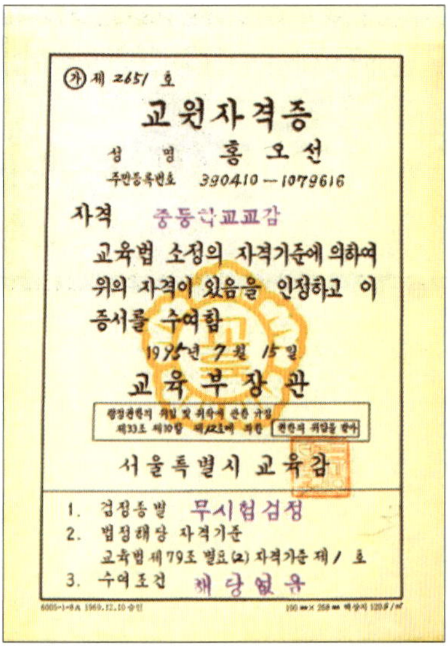

제 2651 호

교원자격증

성 명 홍 오 선

주민등록번호 390410—1079616

자격 중등학교교감

교육법 소정의 자격기준에 의하여 위의 자격이 있음을 인정하고 이 증서를 수여함

1985년 7월 15일

교 육 부 장 관

서울특별시 교육감

1. 검정종별 무시험검정
2. 법정해당 자격기준
교육법 제79조 별표(2) 자격기준 제1호
3. 수여조건 해당없음

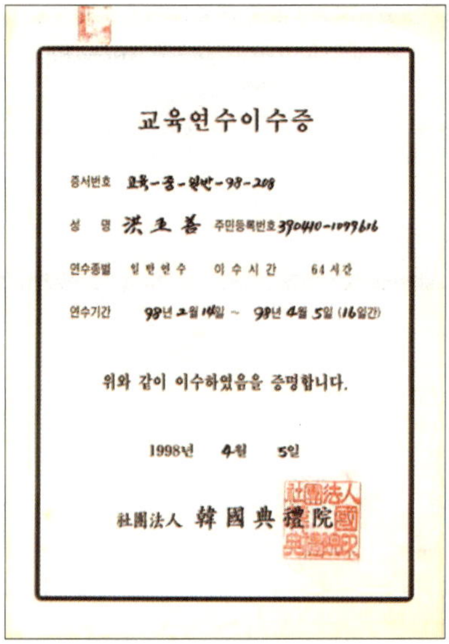

교육연수이수증

증서번호 교육-중-일반-98-208

성 명 洪五善 주민등록번호 390410-1079616

연수종별 일반연수 이수시간 64시간

연수기간 98년 2월 14일 ~ 98년 4월 5일 (16일간)

위와 같이 이수하였음을 증명합니다.

1998년 4월 5일

社團法人 韓國典禮院

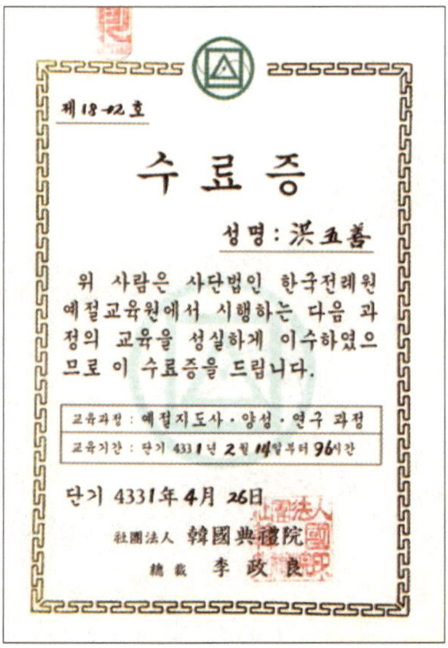

제18-02호

수 료 증

성명 : 洪五善

위 사람은 사단법인 한국전례원 예절교육원에서 시행하는 다음 과정의 교육을 성실하게 이수하였으므로 이 수료증을 드립니다.

교육과정 : 예절지도사·양성·연구 과정
교육기간 : 단기 4331년 2월 14일부터 96시간

단기 4331年 4月 26日

社團法人 韓國典禮院

總裁 李 政 良

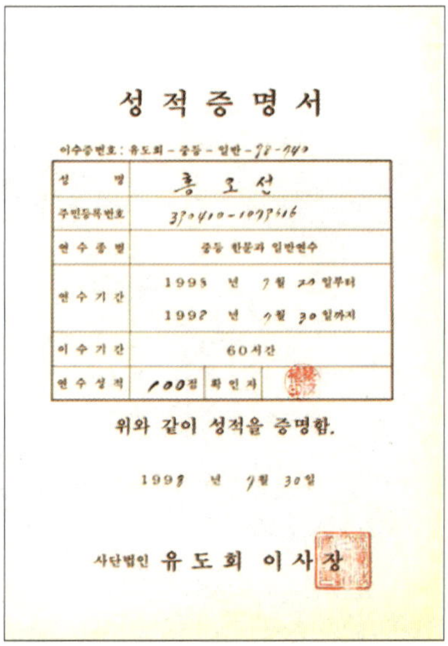

성 적 증 명 서

이수증번호 : 유도회 - 중등 - 일반 - 98 - 940

성 명	홍 오 선		
주민등록번호	390410-1079616		
연 수 종 별	중등 한문과 일반연수		
연 수 기 간	1998 년 7월 20 일부터 1998 년 7월 30 일까지		
이 수 기 간	60시간		
연 수 성 적	100점	확 인 자	

위와 같이 성적을 증명함.

1998 년 7월 30일

사단법인 유 도 회 이 사 장

爲善最樂

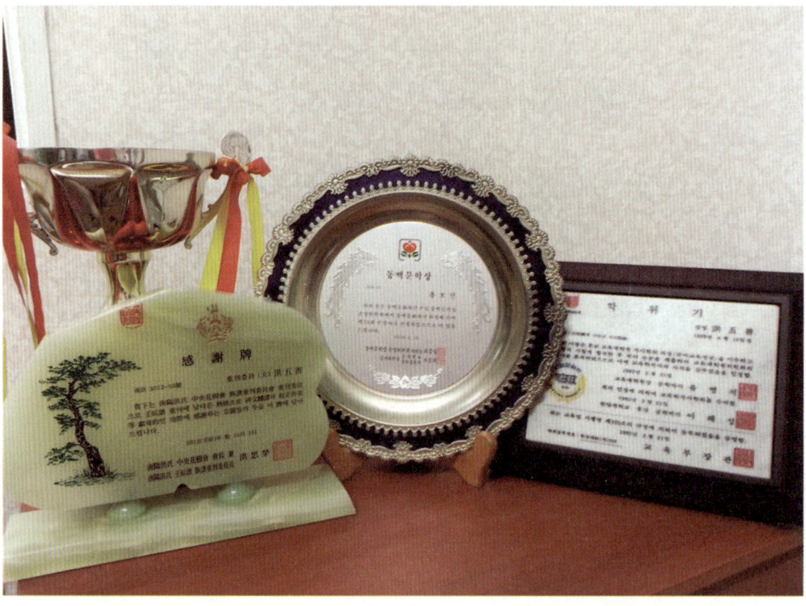
感謝牌
학 위 기

楓林의 길목에서

2015년 10월 07일 초판1쇄 인쇄
2015년 10월 16일 초판1쇄 발행

지은이 | 홍 오 선
펴낸이 | 김 영 환
펴낸곳 | 도서출판 **다운샘**

05661 서울특별시 송파구 중대로27길 1
전화 02 - 449 - 9172 팩스 02 - 431 - 4151
E-mail : dusbook@naver.com
등록 제17 - 111호(1993. 8. 26)

ISBN 978-89-5817-339-7 03810
값 12,000원

「이 도서의 국립중앙도서관 출판예정도서목록(CIP)은 서지정보유통지원시스템 홈페이지(http://seoji.nl.go.kr)와 국가자료공동목록시스템(http://www.nl.go.kr/kolisnet)에서 이용하실 수 있습니다.
(CIP제어번호: CIP2015027199)